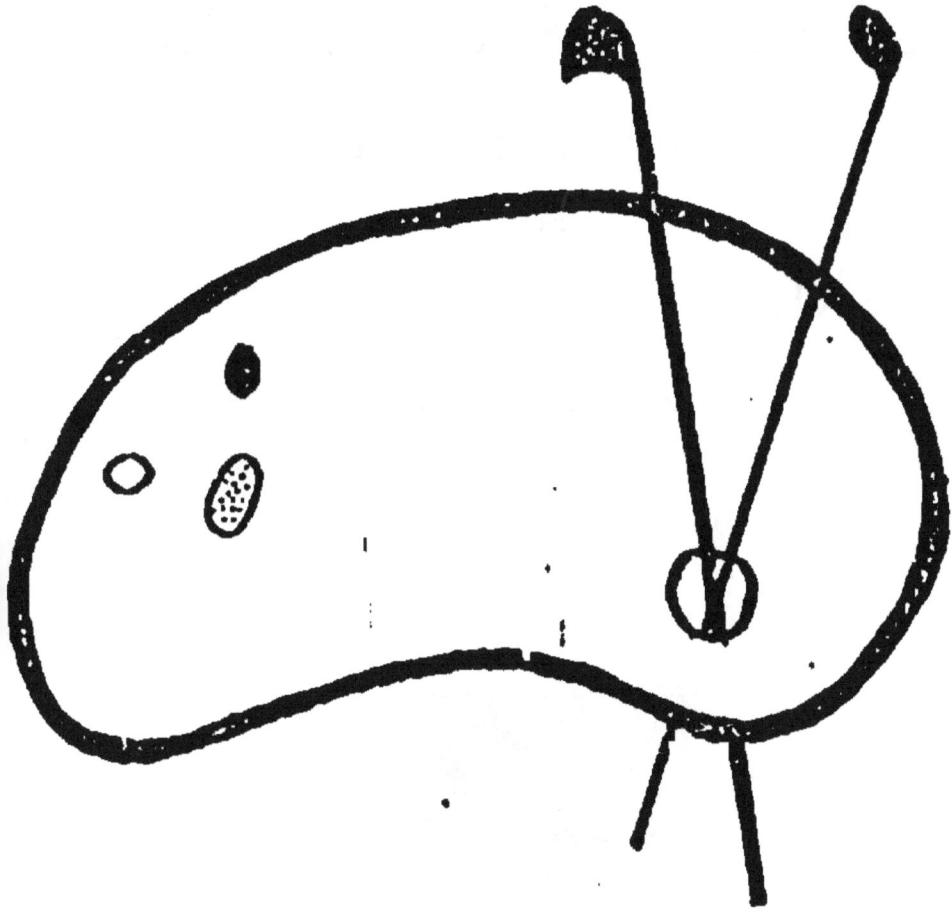

DEBUT D'UNE SERIE DE DOCUMENTS
EN COULEUR

LES DEUX PAROISSES

DE

DARNÉTAL

SAINT-PIERRE de Carville

ET

SAINT-OUEN de Longpaon

Par l'Abbé H. V...

Au profit des Écoles chrétiennes libres

ROUEN

IMPRIMERIE PAUL LEPRÊTRE

75, RUE DE LA VICOMTÉ, 75

1896

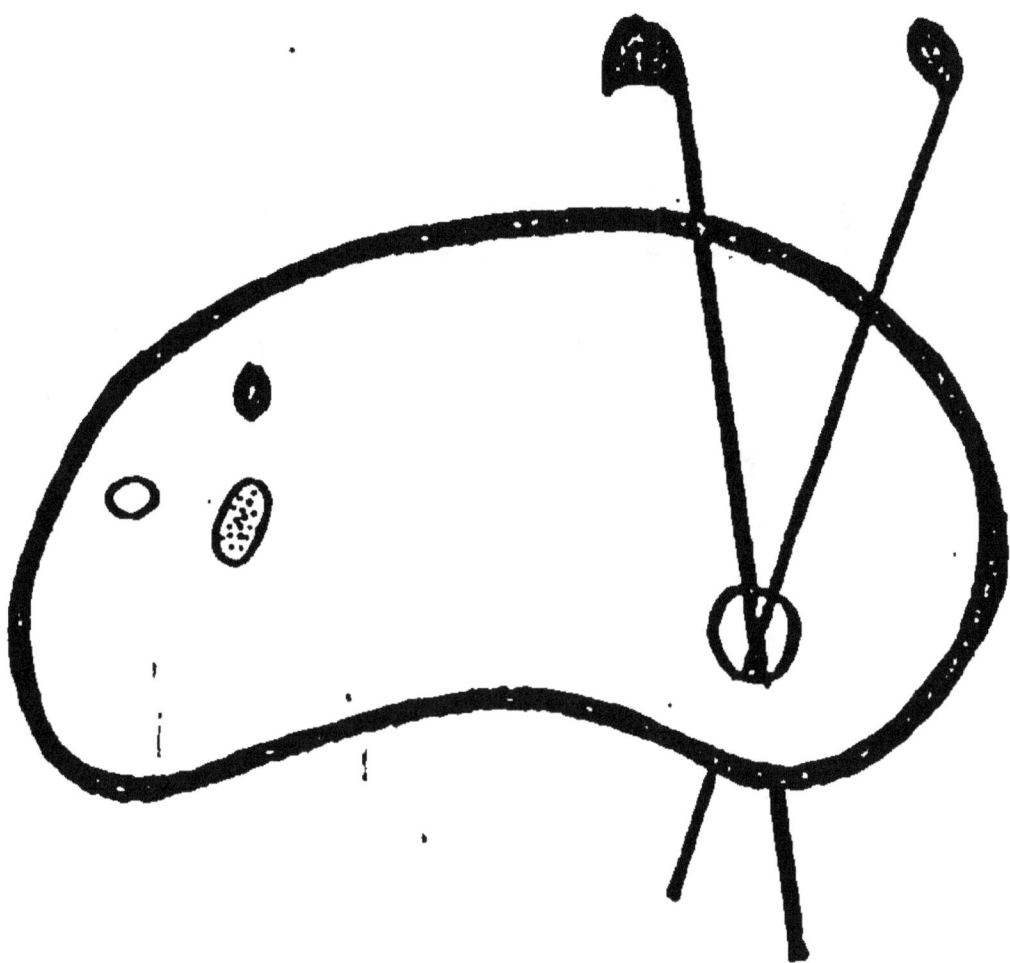

FIN D'UNE SERIE DE DOCUMENTS
EN COULEUR

LES DEUX PAROISSES

DE

DARNÉTAL

SAINT-PIERRE de Carville

ET

SAINT-OUEN de Longpaon

Par L'Abbé H. V...

·ROUEN

IMPRIMERIE PAUL LEPRÊTRE

75, RUE DE LA VICOMTÉ, 75

—

1896

LES

DEUX PAROISSES DE DARNÉTAL

Sᵗ-PIERRE DE CARVILLE & Sᵗ-OUEN DE LONGPAON

I

Notices, Publications et Documents divers sur la Ville et les Paroisses de Darnétal.

DARNÉTAL, appelé pendant les siècles précédents *bourg de Dernétal* ou *Dernestal*, a pris titre de ville en 1805.

Cette petite ville, dont la population compte actuellement 6,600 habitants, est attenante par ses limites de l'ouest, à l'antique capitale nórmande. Et l'abbé Cochet pouvait écrire en 1853: « Par « ses mœurs, par sa population, par son industrie, cette ville se « rattache au grand centre rouennais comme une planète au soleil. « Aussi les destinées de l'une se confondent naturellement avec « celles de l'autre. »

On conçoit alors avec l'abbé Tougard (1) que Darnétal n'ait qu'une histoire mal suivie et que le voisinage de Rouen ait singulièrement diminué son rôle historique. Dans de telles conditions, une *histoire* de Darnétal ne paraîtrait-elle pas une œuvre par trop prétentieuse ? C'est probable. Mais pour ceux qui aiment à faire revivre et à conserver le souvenir des choses locales, de tout ce

---

(1) *Géographie de la Seine-Inférieure*, arrond. de Rouen, 202.

qui touche au pays natal ou au clocher de la paroisse n'y aura-t-il pas à faire quelques nouvelles et intéressantes recherches? Oui, puisque le moindre village devient, à ce titre, digne d'intérêt et d'attention.

Voilà pourquoi nous évoquons le passé des deux paroisses de Darnétal : Carville et Longpaon. Et déjà, en citant ces deux noms, il y a lieu de faire une remarque assez curieuse. C'est maintenant une exception, mais une exception consacrée par l'usage et adoptée officiellement, de désigner le territoire de chacune de nos paroisses, par un nom autre que celui du saint Patron, ce qui souvent met les étrangers dans un embarras inextricable. Ils viennent voir Darnétal et ne trouvent Darnétal nulle part. Au midi, ils sont à Carville, au nord ils sont à Longpaon. Il n'est pas rare qu'après avoir visité les églises de Carville et de Longpaon, ils demandent laquelle enfin est l'église de Darnétal.

Si, plus complètement vous dites Saint-Pierre de Carville et Saint-Ouen de Longpaon, vous paraissez encore plus désigner deux pays différents. Nous verrons plus tard l'antiquité de ces deux noms si bien conservés.

Pour être vrai, il nous faut rappeler ici que la modeste ville et surtout ses deux paroisses possèdent déjà des histoires et des historiens de tout ordre.

Mais de ces travaux les meilleurs, bien que fort intéressants, ne sont que des aperçus ou des exposés partiels de notre histoire religieuse. Il faut citer au premier rang : *Darnétal et ses Monuments religieux*, par Léon de Duranville, en 1850 ; une *Notice historique et archéologique sur l'église de Longpaon de Darnétal*, par l'abbé Cochet, en 1853 (publiée pour la première fois en 1893, dans la *Normandie littéraire*), une *Notice archéologique* (1), de M. A. Durand, sur la Tour de Saint-Pierre-de-Carville, à Darnétal, en 1858, enfin et surtout les travaux de M. F. Bouquet, professeur au Lycée Impérial et à l'École supérieure des Sciences et des Lettres de Rouen qui, dans sa retraite laborieuse comme dans toute sa vie, n'oublie pas Darnétal, pays de ses ancêtres. Laissons-le raconter à la *Commission des Antiquités* de Rouen, pendant l'année 1894, comment il s'est occupé de notre histoire. « En 1864, M. Lucien Fromage et M. François Lamy, un de mes parents, tous les deux membres du Conseil municipal de Darnétal qui s'occupaient

(1) Insérée dans le *Journal de Rouen* du 20 octobre 1858.

activement de la restauration de la Tour de Carville, vinrent me trouver à ce sujet. Ils me connèrent qu'ils avaient entre les mains un travail demandé par eux à M. Lesguilliez sur l'église de Carville, mais qu'il leur paraissait beaucoup trop long et ne pas répondre au but qu'ils se proposaient d'atteindre.

« Ils me firent alors connaître leurs idées, en me priant de les exposer le plus brièvement possible. En toute hâte, je fis une *Notice historique sur la Tour de Carville à Darnétal.* N'y parlant plus de la valeur artistique du monument, bien connue après les travaux de MM. André Durand et Louis Desparest, l'architecte du département qui devait être chargé de la restauration, je me bornais à rappeler en peu de mots le passé historique de l'église dont cette Tour faisait partie, afin d'ajouter quelque chose à son mérite artistique. J'y rappelais les délibérations favorables de la Commission des Antiquités et du Conseil général en 1859, et son classement, en 1862, parmi les monuments historiques de l'État.

« Cette *Notice*, terminée le 8 août 1864, et que j'avais oubliée, ne fut livrée à l'impression qu'en 1866. Elle formait une mince brochure in-8° de 22 pages seulement. M. Lucien Fromage la fit imprimer à ses frais et tirer à un très petit nombre d'exemplaires pour les membres du Conseil municipal de Darnétal, afin d'en obtenir le vote de 40,000 fr., le Conseil général devant fournir le reste de la dépense, 12,000 francs, que M. le Préfet, le baron Ernest Le Roy, se proposait de lui demander. Le Conseil municipal vota les fonds, dans sa séance du 7 mai 1867, et le Conseil général fit de même dans sa plus prochaine session.

« On a retrouvé ce travail, avec ma propre *Notice*, chez l'un des fils de M. Lucien Fromage (1). Il a pour titre : *Lettre-Notice de M. Alexandre Lesguilliez à M. Lucien Fromage, membre du Conseil municipal de Darnétal.* C'est une simple épreuve en première, formant plus d'une centaine de pages, avec les corrections en marge pour la deuxième, qui n'eut point lieu à cause des motifs relatés ci-dessus. »

A la même époque, M. Bouquet communiquait à la *Commission* un mémoire sur le *Portail de l'église de Saint-Pierre de Carville, à Darnétal.* Tous ces remarquables travaux éclairent admirablement certains points de notre passé, mais ne sont qu'un appoint précieux pour l'ensemble.

(1) M. Georges Fromage, aujourd'hui successeur de son père.

A côté de ces travaux de véritables maîtres, nous avons eu l'occasion de publier en 1894, une monographie de *Saint-Ouen de Longpaon à Darnétal*, et en 1895, une notice sur *François Durécu, fondateur de l'hospice de Darnétal*.

Mais venons-en maintenant à celui qui, s'il ne s'est pas donné pour le véritable historien de son pays, du moins passe pour tel, Alexandre Lesguilliez, auteur en 1835, d'une *Notice sur la ville de Darnétal*, un vrai volume contenant beaucoup de choses, mais aussi en matière religieuse, beaucoup d'erreurs et de perfides insinuations.

S'il a composé tout son ouvrage comme la liste des curés des deux paroisses (pages 114 et 128), il est à craindre qu'on ne puisse contredire grand nombre de ses assertions, car c'est aux sources mêmes que nous avons pu contrôler les noms de cette liste avec les dates et les différentes désignations qui les accompagnent; c'est à refaire. Pour cette révision, nous avions le secours de l'inépuisable fonds des *Archives départementales*, et parfois de l'obligeance aussi érudite que constante de l'éminent archiviste de la Seine-Inférieure.

Les nombreux manuscrits des Archives paroissiales abondent également en renseignements faciles à recueillir. Il nous a été aussi facile, vu le gracieux empressement de M. le maire et de Messieurs les secrétaires de la mairie, de parcourir les Archives municipales et notamment la collection des registres de catholicité des deux paroisses, transportés à la mairie par ordre de « Louis-« Emmanuel Buée, maire de la commune de *Dernétal*, en vertu « de la loi du 20 septembre 1792. »

Ceux de Carville commencent par le « Registre des enfans qui « ont esté baptisés en l'esglize Saint-Pierre de Carville, bourg de « Dernestal, en l'année 1635. »

Ceux de Longpaon remontent à 1668 et il y manque « quatre « petits registres informes qui dattent avant 1668, lesquels nous « n'avons pu lire facilement » dit le procès-verbal de l'époque révolutionnaire.

Il n'a pas été sans intérêt non plus de parcourir les *Délibérations de la municipalité de Darnétal*, pour les années suivantes.

L'énumération de Lesguilliez ne commence, pour Carville, qu'en 1661, alors que venait de s'opérer la séparation des deux paroisses qui n'en formaient auparavant qu'une seule comprenant l'église de Saint-Pierre-de-Carville et la chapelle de Saint-Ouen de Longpaon. Il était cependant facile de remonter au commencement du xviiᵉ siècle (1) où nous trouvons : Noel Binet en 1607 (démissionnaire vers 1620); André Delamare, chapelain de la cathédrale (Archives départ. G. 4893) en 1620; Robert de Galantine en 1636; Laurent Roger, bachelier en théologie en 1638 (décédé en février 1654); et enfin Jean Hazet 1754-1659 (Archives dép., G., 1253).

Maintenant, citons Lesguilliez dans une première colonne et en regard, rectifions :

1661. — Pierre *Demarelz* mort en 1689.

Jacques *Desmarelz*, nommé le 12 février 1659. (*Arch. dép.*, G. 6127.) Sauf la date de la mort, tout est faux.

1685. — Pierre *Sémond*. C'est sous lui qu'a été réédifiée l'église de Carville.

Les travaux de réédification ont dû commencer sous Pierre *Sémond* et se continuer sous Mᵉ *Petit*, bachelier de la Faculté de Paris, inconnu de Lesguilliez, et qui fut curé deux ans. On voit dans les *Registres de Catholicité* sa première signature, le 12 avril 1691, et la dernière, le 12 avril 1693.

1694. — Denis *Laffecteur*.

Il signe déjà Curé de Carville, le dimanche 19 avril 1693. Le 19 novembre 1689, il avait fait un mariage « avec la permission de M. le Curé ». En 1690-1691, il avait été vicaire de Carville.

1728. — Thomas *Thinel*.

En 1728, Thomas *Tinel* était déjà curé depuis 26 ans. Car il signe comme tel le 14 septembre 1702. Le « 6 may 1700 » il était prêtre habitué à Carville, dont il devait mourir curé en avril 1743.

1743. — Pierre-Bernard *Chapais*.

1743-1789.

(1) Au xiiᵉ siècle, lors de la donation faite aux religieux du Mont-aux-Malades, de Carville et de Longpaon, était curé Mᵉ Durand. En 1242, Jean Feuqueray. En 1454 : Gilles de la Noë. A la date du 15 juillet 1567 « Bertrand Le Bergler, chanoine en l'église cathédrale de Sainte-Radegonde de Pottier (Poitiers) » (Arch. dép. G. 4180). Vers les années 1580-1587, c'était Jacques de Miroulde.

1788. — Pierre Moudré, né à Rouen, le 24 septembre 1758 mort à Darnétal le 9 avril 1816.

Pierre-Sulpice Moudré, bachelier-ès-lois, déjà vicaire en 1788, devient curé le « 25 aoust 1789 ».

1791. — Dessaissy nommé le 15 mai à cette cure par les habitants, conformément à la Constitution civile du clergé.

Charles de Saisy fut accepté par les habitants « en l'absence du sieur Mondray ci-devant curé d'icelle paroisse ».

1792. — Alexandre Arnoult.

20 juillet.

1798. — Pierre Moudré, titulaire en 1788.

M. Mondré revint peut-être en 1798, mais au plus tard en 1802, et mourut le 8 avril 1816.

1816. — François-Nicolas Bizel, né à Darnétal, le 6 décembre 1759, mort le 12 mars 1825.

M. Bizel est né (en la paroisse de Longpaon) non pas le 6 décembre 1759, mais le 6 janvier 1760. Curé en avril 1816, il mourut, non pas le 12 mars 1825, mais le 15 janvier 1824.

1825. — François Lefébure, précédemment titulaire à Saint-Aubin-la-Campagne.

M. François Lefebvre (fondateur, en 1818, des Sœurs du Sacré-Cœur de Jésus, dites de Saint-Aubin, près Elbeuf), devint curé de Carville, non pas en 1825, mais bien au mois d'avril 1824. Il y mourut le 14 mai 1849 (1).

Pour un historien, c'est peu respecter la chronologie. Il ne respecte pas mieux la religion quand il veut, dans la même page

(1) Les deux curés suivants furent : M. Olivier-Guillaume-Modeste Ratiéville, décédé le 27 août 1861, âgé de 57 ans, et M. Aimable Héliot, vicaire de Carville, 1836-1838; curé de Saint-Léger-du-Bourg-Denis, 1838-1861; doyen de Darnétal jusqu'au mois d'octobre 1883, époque de sa démission; mort à Notre-Dame-de-Bonsecours, le 21 avril 1884.

de son livre, faire un trait d'esprit qui ne sert qu'à blesser les règles grammaticales.

C'est à propos des « personnes qui pensent que la tour de Carville a été bâtie par Jules César. » Car, ajoute-t-il, « ce grand homme avait des affaires plus importantes à s'occuper qu'à bâtir des églises. » Donc, ce n'est pas possible.

L'esprit qu'on veut avoir gâte celui qu'on a,

et ici ne gâte pas moins le français de notre historien. De plus, l'auteur, en émule de La Palisse finit par nous donner une suprême raison de cette impossibilité, raison qui le dispensait de tout autre : « d'ailleurs, le Christ n'étant pas encore né à cette époque, « l'on ne pouvait élever des temples en son honneur. »

Cela méritait bien une digression.

Etablissons maintenant la liste des curés de la paroisse de Longpaon, à peine ébauchée par Lesguilliez. Il la commence en 1724, sans doute pour aller au plus court, et paraît oublier que le point de départ n'est que de l'année 1655 (1).

1724. — Pierre Lecesne. Il n'y a pas eu de curé de ce nom. En 1722, fut nommé « Mre Pierre-Michel *Bourgeois*, prêtre du diocèse de Paris... le 26 juin » (*Arch. dép.* G. 1253). Il mourut le 9 février 1740.

1740. — *Gaillard*. 1740-1750, Alexandre *Gaillard*, qui avait été vicaire de Longpaon pendant quatre ans, fut curé pendant dix ans, et permuta avec son successeur, le 25 décembre 1750.

1750. — *De Lon-guemare*. 1750-1754, André-Antoine *De Longuemare*, malade dans la paroisse de Bléville, où habitait sa famille, y mourut à l'âge de quarante ans, le 12 octobre 1754, et y fut enterré le lendemain, dans le chœur de l'église.

1754. — *Heur-lault*. 1754-1774, Pierre-François-Joseph *Heur-lault*, qui résigna sa cure (*Arch. dép.*, G. 6199, le 5 des Calendes d'Avril 1774) et partit vers le mois de juin 1774.

(1) Les premiers curés de Longpaon furent : MMres Jean *Pouchet*, décédé le 28 avril 1673 ; Nicolas *Morin* qui, dans un acte du 2 avril 1684 est appelé « doien de la Crétienté » décédé le 29 décembre 1688 ; Nicolas *Le Trene* (*Arch. dép.*, G. 6146, 26 février 1684) décédé le 21 juin 1722.

1774. — Pierre Duval.

> 1774-1825, Pierre-Jean-François *Duval*, né à Rouen, le 4 septembre 1732, décédé le 12 mars 1825, après avoir été curé de la paroisse pendant cinquante ans à peine interrompus par la Révolution.

1825. — Paul Dumouchel.

> 1825-1830. Installé au mois de mai 1825, il mourut le 23 janvier 1830, à l'âge de trente-cinq ans.

1830. — Jacques Lemaignen, décédé le 15 avril 1835.

> 1830-1835. Jacques-Frédéric *Le Maignen*, décédé le 15 avril 1835, âgé de trente-trois ans.

1835. — François Picard.

> 1835-1842. Décédé le 19 avril 1842, à l'âge de 49 ans.

Voilà une nomenclature qui méritait d'être complétée encore plus que corrigée, tant elle était sommaire (1).

Heureusement pour la mémoire de Lesguilliez, son dernier travail imprimé en 1866, respirait l'impartialité et la loyauté. Cette publication projetée dont nous a parlé plus haut M. Bouquet, comporte quelques mots d'explication. Elle formait avec la notice de M. Bouquet, celle de M. A. Durand et aussi une de M. E. de La Quérière, un tout précédé d'une préface de M. Lucien Fromage et qui devait être complété par « *un coup d'œil sur l'avenir de Darnétal* » où M. Fromage se proposait de démontrer « tous les avantages que la ville et la vallée de Darnétal offrent pour l'industrie. » Le titre général de l'ouvrage était : *La Tour de Caroville et urgence de sa restauration*, par Lucien Fromage.

Le regretté M. Fromage « le bon monsieur Lucien » comme disent encore ses vieux ouvriers, qui avait élevé moitié sur Rouen, moitié sur Darnétal, un vrai monument à l'industrie, rêvait en même temps d'élever une sorte de monument à l'histoire de ce cher pays qu'il aimait tant ! Car s'il avait placé son habitation sur

---

(1) Le successeur de M. Picard est celui qui à Longpaon a pour ainsi dire rempli le siècle de son nom et de ses œuvres : M. l'abbé François-Xavier-Delphin David, installé le 10 avril 1842, démissionnaire en août 1883, mourut à Longpaon le 30 novembre 1887, âgé de 77 ans, après avoir sauvé l'église de la destruction et évangélisé les âmes en orateur et en apôtre.

le territoire de Rouen, près de son usine, il avait laissé son cœur à
Darnétal et, jusqu'à sa mort, il conserva avec autant de bonheur que
de dignité ses fonctions de Président du Conseil de Fabrique de
Carville.

Nous devions cet hommage de reconnaissance à celui qui nous
a conservé les dernières et si intéressantes publications de 1866.
Car il faisait une vraie prophétie en disant dans sa préface :
« Parmi les documents que nous avons recueillis, il en est qui non
« seulement parlent de la tour de Carville, mais encore qui traitent
« de l'histoire de Darnétal. Nous avons accueilli avec plaisir ces
« documents, parce qu'ils pourront plus tard rendre de grands
« services à ceux qui auront besoin de faire des recherches sur notre
« ville et feront connaître beaucoup de faits ignorés. »

Heureux sommes-nous d'avoir rencontré ce trésor presque
introuvable des matériaux de la « *Tour de Carville* (1). »

Enfin, la *Vie de M. l'abbé Lefebvre*, mort doyen de Darnétal,
contient, en même temps que de nombreux traits édifiants,
quelques renseignements précieux pour les annales paroissiales.
Elle a été publiée en 1854 par M. l'abbé Godefroy, curé de N.-D. de
Bonsecours, dont la vocation avait été décidée par M. l'abbé Lefebvre.

Voilà pour Darnétal, ville ou paroisses. Quant aux habitants,
ou « Darnétaliers », ils ont été célébrés à différentes reprises au
dix-septième siècle, par David Ferrand, qui, dans un dialecte tout
populaire, chantait les faits et gestes du peuple de Rouen et des
environs. A titre de souvenir, nous donnons seulement un extrait
d'un *Vont rial* où, avec une verve originale, l'auteur fait pour
ainsi dire mouvoir, devant nos yeux, une phalange de nos vieux
drapiers pas du tout contents :

SUR LE GRABUGE DES DRAPIERS

« Je rencontris un grand peuple en amas
« Qui s'en allait le chemin de la Groche,
« J'en amuse un et ly dis : O Gautier
« O vont chets gens du bourg darnétalier ?
« Vont t'y tretous fruluzez (2) à l'ermée ?

(1) L'autre, probablement le seul autre exemplaire de la *Tour de Carville*, se
trouve actuellement à la bibliothèque du Grand-Séminaire de Rouen, après
avoir été la propriété de l'abbé Cochet.

(2) *Fruluzes :* ardents, fougueux.

« — Nenny ; y vont dessus chets quais
« Por faire vais o z'insolents Englais
« Des *Grip-nodins* la *diantre de hémée* (1).

Le fait se rapporte à l'année 1630. On commençait à décharger, au port de Rouen, un navire rempli de draps anglais. Mille à douze cents ouvriers drapiers arrivant sur le quai assaillirent le navire, déchirèrent les draps et les jetèrent à la Seine.

(1) *Grip-nodins :* A. Canel *(Blason populaire de la Normandie. p. 219)* pense que les habitants de Darnétal étaient alors appelés les *Grippe-nodins*, à moins qu'on ne préfère regarder ce mot comme un sobriquet propre aux ouvriers drapiers en général, par ce qu'ils savent gripper les nœuds ou flocons de laine. — *Hémée :* bataille, mêlée *(Muse normande, T. I, 153).*

II

Les Origines.

DARNÉTAL, (*Darnestallum*) serait, dit-on, un mot teutonique désignant *une portion de terre dans une vallée*. Cette signification serait d'ailleurs en parfait accord avec la conformation de la petite ville.

A quelle époque remonte cette dénomination ? C'est ce qu'il n'est guère possible de préciser. Peut-être n'appelait-on ainsi primitivement que le territoire de la paroisse actuelle de Carville. Car, suivant Toussaint Duplessis, outre ce nom, Carville « porte de toute antiquité celui de Darnétal. » On reste dans le vague de cette antiquité, sans pouvoir lui assigner une date même approximative.

Quant à Carville (*Cara villa :* le village ou fief cher à ses seigneurs) voici ce que nous apprend la *Géographie de la Seine-Inférieure*, de l'abbé Tougard : « Sous le nom de Carville (1), on désignait autrefois le territoire des paroisses de Saint-Léger-du-Bourg-Denis et de Saint-Aubin-la-Rivière ou Saint-Aubin-Épinay. » Darnétal n'aurait alors désigné que la partie de l'ancien Carville, formant aujourd'hui la paroisse Saint-Pierre de Carville.

Mais ce qui est certain, c'est que le nom désignant toute la partie nord de notre Darnétal moderne et le premier sur lequel nous ayons des données vraiment historiques est : *Longum Pedanum*, Longpaon; aujourd'hui la seconde paroisse de Darnétal.

En effet, dans l'antique Neustrie, *Longum Pedanum* occupait déjà une place. L'abbé Cochet cite parmi les points principaux du *pagus Rotomagensis* ou pays de Rouen, pendant la période franque, c'est-à-dire avant le Xe siècle « *Longum Pedanum*, Longpaon, aujourd'hui Darnétal. » Nous trouvons le nom de

(1) Il y a à Rouen une *Rue de Carville* près de l'Hôtel-Dieu. On peut croire que ce nom a été choisi en mémoire de Pierre de Carville, mort en 1305, qui avait été trois fois maire de Rouen. (V. N. Périaux, *Rues et Places de Rouen*).

La même famille donna plusieurs maires à la ville, dans les treizième et quatorzième siècles, et avait dû compter parmi ses membres, un des plus anciens seigneurs qui aient possédé le fief de Carville: Radulphe. (V. A. Durand, 1858.)

Longum Pedanum dans la charte de Charles-le-Chauve qui contient le dénombrement des propriétés de la Métropole de Rouen « *unum mansum ad Longum Pedanum*, Longpaon (1) ». Quant aux noms de Darnétal et de Carville, nous ne les rencontrons officiellement que plus tard durant le douzième siècle.

Lesguilliez veut, il est vrai, que « l'église de Saint-Pierre de Carville, ayant « toujours eu la suprématie sur celle de Longpaon, « ait une origine antérieure à celle-ci, mais ajoute-t-il, il nous est « impossible d'en déterminer l'époque (2). » Toutefois, il reconnaît que, avant la conquête de la Neustrie par Rollon, « l'église Saint-« Pierre n'était pas et ne pouvait pas être où elle est, depuis « plusieurs siècles. Tout le terrain qui s'étend depuis le carrefour « de la Croix-l'Allouette jusqu'à la rivière de Robec, et compris « entre le pont de Darnétal et celui de Carville a été, pendant « longtemps, un terrain inhabité et inhabitable, puisque la plus « grande partie, encore en nature de marais, était fort malsaine. « Les premiers habitants qui sont venus se fixer à Darnétal, ont « dû s'établir sur les bords de Robec, petite rivière que nous « devons regarder comme le berceau de notre ville ».

Or, la rivière de Robec traversant Longpaon, dans toute sa longueur, et venant plus bas, se répandre avec les eaux de l'Aubette, dans les marais de Carville, ne permettait d'élever d'habitations que vers Longpaon. Ce fut apparemment, lorsque ces marais commencèrent à être habitables, qu'il s'y fonda une paroisse et une église pour la nouvelle paroisse. La nature du terrain, le silence absolu des écrivains sur Carville jusqu'au XIIe siècle, et l'existence certaine de Longpaon à cette même époque, nous font croire à la création d'une paroisse primitive, unique : *Longum Pedanum*. Darnétal (Carville) accroissement de Longpaon sera devenu par la suite l'élément dominant dont le nom a fini par prévaloir.

Nous pouvons nous laisser instruire sur les premiers temps chrétiens de cette contrée, par la *Notice* que lui a consacrée spécialement l'abbé Cochet :

« Darnétal placé sur la rivière de Robec *(Roth-Bec)* qui a donné

---

(1) *Mémoires de la Société des Antiquaires de Normandie*, vol. XI, 17-18 ; et *Archives départementales:* Diplôme de Charles-le-Chauve (G. 3680).

(2) *Lettre-Notice*, p. 45.

son nom à la ville de Rouen (*Roth-Magus*)? fut de tout temps, un véritable faubourg de cette cité gallo-romaine (1).

« Lorsque le christianisme fut prêché, dans les faubourgs de Rouen, par de fervents évêques du VIIe siècle, tels que saint Romain, saint Vivien, saint Ouen et saint Ansbert, nul doute que la vallée de Robec n'ait été l'objet de leur zèle et de leur prédication. C'est là même que, suivant une vieille légende, saint Romain, le plus saint évêque de ce diocèse, aurait renversé l'idole de Roth, qui avait pris ou donné son nom à la rivière et à la ville. L'hymne *Exttrpato Rothi idolo*, chantée dans notre Église, pendant plusieurs siècles et encore conservée dans les vieilles liturgies, est une preuve vivante de ce fait.

« Après tout, quand même on n'accepterait pas que l'idole de Roth se trouvât sur le territoire de Darnétal, rien ce me semble, n'empêche de penser que les SS. Pontifes, apôtres de nos campagnes et de nos faubourgs, n'aient élevé ici une chapelle, pour les besoins de la chrétienté naissante fille de leurs sueurs et de leur parole. Cette chapelle, humble comme les saints qui la bâtirent, fut illustrée au Xe siècle par un miracle que l'histoire et l'hagiographie normande ont recueilli avec soin, avec empressement :

« Rollon, tranquille dans son duché et devenu fervent chrétien, fit revenir de France, les reliques de saint Ouen que l'on avait exilées par la crainte des Normands. Le 1er février 918, le corps du saint évêque était apporté avec beaucoup de respect, à travers les populations édifiées et heureuses, lorsque le soir de cette journée mémorable, prêtres et fidèles s'arrêtèrent à Darnétal, et déposèrent le précieux fardeau dans la petite chapelle de Longpaon, laquelle prit alors le nom de Saint-Ouen qui avait peut-être été son fondateur. Le corps du saint se plut tellement dans ce lieu, qu'il voulut y demeurer, et qu'il fallut les prières de la ville de Rouen, du duc de Normandie et des moines de Saint-Ouen, pour l'en faire sortir et l'engager à rentrer dans l'église de sa sépulture. »

Si la chapelle prit alors le nom de Saint-Ouen, l'endroit où elle était élevée aurait pris, en même temps, le nom de Longpaon. Laissons parler un bénédictin de l'abbaye de Saint-Ouen, dom J.-François Pommeraye, qui puise ses renseignements dans un

(1) Nous laissons à de plus compétents le soin de se prononcer sur l'étymologie « Rouen *Roth-Magus* ».

manuscrit de son abbaye et dans un autre de Guillaume de
Jumièges :

« Ceux qui se plaisent à la recherche des étymologies auroient
sujet de se plaindre de moy, si je négligeois de dire, que le lieu où
la procession alla quérir la châsse de Saint Ouen, est celui qu'on
appelle maintenant Long-Pan, lequel nom il reçut alors, par
l'ordonnance expresse de ce prince qui s'entretenant, avec quelques
seigneurs de son palais, de cette action de piété, dit qu'il falloit à
l'avenir nommer ce lieu Long-Pan (1), en mémoire de ce qu'ils
avoient esté si loin, à pied, laquelle raison paroist plus claire, par
le texte latin que voicy : *Hunc locum quem paulo longius ab urbe
digressi huc usque pedanei convenimus, a modo Longum
pedanum nuncupari censeo* (2). »

Longpaon serait donc le terme d'*une longue course à pied* que
fit Rollon, ce jour-là, de Rouen à Darnétal. Mais le nom était déjà
officiel, dès le siècle précédent ! Ne serait-ce pas une confirmation,
une explication du nom, comme si le Prince avait dit : Je suis
maintenant d'avis d'appeler ce lieu *Longum-Pedanum*, étant venu
de si loin, à pied ?

Le nom, en se francisant, a subi bien des altérations. Ainsi nous
trouvons une mention de la chapelle de Saint-Ouen de *Lonepeen*,
au XIIIᵉ siècle (3). Ce doit être seulement vers la fin du XVIᵉ siècle,
que l'on rencontre l'orthographe assez bizarre de *Longpaon*. Ne
serait-il pas permis de penser que l'on traduisit ainsi l'espèce de
rébus que les sculpteurs mirent en saillie, sur le clocher qu'ils
achevaient ? Car voulant, sans doute, donner des armes parlantes
à la paroisse, ils écrivirent « lom » suivi d'un paon, sur le côté
nord ; et répétèrent l'inscription sur le côté ouest, mais avec cette
variante : « long ».

Cette énigme eut même l'honneur d'être reproduite en latin,
l'an 1637, dans un diplôme d'érection de la confrérie (4) du Saint-

---

(1) Nous avons remarqué que les *Registres de Catholicité* à l'usage de la
paroisse, depuis la réouverture des églises jusqu'en 1820, portent en première
page « paroisse de Longpan. » C'est la seule orthographe qui nous paraisse
rationnelle.

(2) *Histoire de l'Abbaye royale de Saint-Ouen.* (Rouen 1672, p. 315.)

(3) *Historiens de France* (vol. XXIII).

(4) Confrérie qui posséda quelques biens, car « le 25 août 1684, Jacques
Le Jeune meu de dévotion pour la gloire de Dieu » fonda une rente de cinq
livres pour la chapelle de la sainte Vierge « dont il y a confrairie du Saint-
Rosaire ». Cette rente a été remboursée en 1864. (*Archives paroissiales.*)

Rosaire, en l'église Saint-Ouen, *de Longo-pavone*, nom qui ne ressemble guère au *Longum pedanum* du IXe siècle.

Aussi Toussaint Duplessis, à l'article *Long-Paul*, dit-il avec bonhomie : « On trouve souvent Long-Paon ou Long-Paën et en latin *Longus paganus*, qui ne signifie rien du tout (1). »

Comment se fait-il que la paroisse de Longpaon, dont l'origine est si ancienne, ait toujours conservé ce simple titre de chapelle, jusqu'au XVIIe siècle, tandis que Saint-Pierre de Carville, dès les premiers temps de son histoire, a le nom d'église? C'est que l'antique chapelle de Longpaon aura gardé son titre primitif et que Carville aura porté dès la fondation son titre de paroisse ou d'église.

D'ailleurs, peut-être avec raison, on a prétendu que chaque église eut d'abord son desservant particulier. Puis, les revenus pris séparément étant insuffisants, on aurait réuni l'église et la chapelle, sous la juridiction d'un seul titulaire, lorsque les habitations commencèrent à se rejoindre et à ne présenter l'aspect que d'un seul bourg.

Toujours est-il que l'église de Carville, ainsi que la chapelle de Longpaon relevaient du prieuré du Mont-aux-Malades, depuis l'année 1161.

« Ce patronage, dit Lesguilliez, leur avait été concédé par un « sieur Radulphe, seigneur de Carville, dont cependant il ne prend « pas le titre, dans l'acte de donation, dans lequel il est désigné « seulement sous le nom de *fils d'Etienne*. »

C'est bien à cette époque que l'abbé Langlois fait remonter la charte de donation dont il a vu une copie du XVIIIe siècle aux archives de la Seine-Inférieure et qui donne aux religieux « *de Monte-Infirmorum... ecclesiam S\i Petri de Karavillâ, cum Capellâ S\i Audoeni de Longo-Paeni* (2). »

« Plus tard, dit-il, les prieurs du Mont-aux-Malades prétendirent avoir le droit d'officier, à Carville, aux grandes fêtes et notamment à celle du patron. La paroisse s'y opposa, de graves procès s'en suivirent (3). »

Rien de saillant ne nous est connu ensuite, dans notre histoire locale, jusqu'au XVe siècle.

« Mais lors du siège de Rouen par Charles VII, en 1449, ce

(1) *Description de la Haute-Normandie* (1740), II, 622.
(2) *Histoire du Prieuré du Mont-aux-Malades*, p. 405.
(3) Ibid., p. 15.

2

« prince ayant établi son quartier général à Darnétal, éleva deux
« camps, à peu de distance l'un de l'autre, à Longpaon ; le premier
« pour ses troupes, le second, pour celles du roi de Sicile, son
« beau-père, qui l'avait accompagné à ce siège. Le terrain ainsi
« occupé est encore connu, sous les noms du Grand-Camp et du
« Petit-Camp. Ils occupaient tout le terrain compris aujourd'hui
« entre les rues du Mont-Rôti, du Point-du-Jour, du Champ-des-
« Oiseaux et la rivière de Robec. L'ancienne ferme du Manoir,
« aujourd'hui l'hospice et ses dépendances, avait été formée plus
« tard, à même le terrain du Grand-Camp (1). »

Par quelles vicissitudes passa la chapelle de Longpaon pendant
toute cette époque, nous ne le pouvons savoir. L'abbé Cochet a tout
dit, en ces quelques mots : « De ce moment (la translation des
reliques de Saint Ouen) une grâce nouvelle descendit sur la
chapelle de Darnétal et elle devint une église plus importante, car
la destinée des Saints a toujours été d'illustrer et de sanctifier, sur
la terre, ce qu'ils touchaient, même par leurs reliques. »

Il ajoute plus loin : « Cette église néanmoins resta un modeste
édifice, jusqu'au XVIe siècle. (Il y a tout lieu de penser que la
chapelle fut conservée à l'endroit où avait été déposé le corps de
saint Ouen.)

« Mais le zèle des populations l'embellit plus que l'église mère ;
et, sauf la tour de son clocher, Carville n'a rien qu'il puisse
comparer à Longpaon.

« Vers la fin du XVe siècle, une église neuve fut bâtie à
Longpaon, pour remplacer l'antique chapelle. Moins de cent ans
après, elle fut trouvée trop petite, à cause de la prospérité de
l'industrie drapière et de l'accroissement rapide de la population.
Aussi elle fut entièrement refaite à neuf, vers le milieu du XVIe
siècle. De cette brillante et chevaleresque époque, elle a conservé
la richesse de la forme et la grandeur du plan, mais aussi l'imperfection et l'inachèvement de l'œuvre. Malgré la forme tronquée de
son clocher et quoique les murs des nefs n'aient jamais été
prolongés autour du chevet, pour former le sanctuaire et les
chapelles, on ne peut refuser à l'église de Long-Paon une admiration
motivée par les deux belles murailles latérales qui encaissent son
triple vaisseau. Ces murs, soutenus et échelonnés de contreforts

(1) Lesguilliez : *Lettre-Notice*, p. 31.

sculptés, surmontés d'aiguilles et de gargouilles, sont percés de chaque côté de hautes et larges travées.

« Les fenêtres vastes, spacieuses, garnies de meneaux élégants et hardis, furent jadis remplies de splendides verrières...

« Les deux portails latéraux, qui sont à peine saillie sur les murs, ajoutent encore à la décoration de l'ensemble, par leurs riches voussures. L'un (celui du nord) était consacré à la passion du Sauveur ou N.-D.-des-Douleurs. Aussi, on y voit des anges tenant dans leurs mains des instruments de la Passion, tels que la croix, la lance, le marteau, les clous, la colonne et le roseau.

« L'autre (celui du sud) était consacré aux deux Testaments, et il renfermait tout l'enseignement catholique de l'univers. Dans la partie haute du fronton, on voyait sous la voussure, des sibylles et des prophètes annonçant au peuple le Messie à venir; tandis que, dans le bas, sur la colonne du milieu, sont les quatre Évangélistes, montrant à la terre le Messie venu pour la sauver. Le Christ lui-même devait se trouver au-dessus de ce socle apostolique.

« Le grand portail placé à l'ouest de cette église présente trois troncs de statues de pierre jadis couvertes de peintures et de dorures, mais aujourd'hui mutilées par les révolutions. Celle du milieu est la Vierge Marie, accompagnée de saint Ouen et de saint Roch, patrons de l'église.

« Autrefois cette porte était protégée par un porche fort élégant, dont il reste les arceaux naissants et des anges portant des phylactères et des légendes.

« A côté du portail, vers le nord-ouest, on a placé la tour du clocher, solidement construite et commencée sur un bon plan, mais qui finit brusquement et qui paraît avoir été guillotinée par la Réforme. » Elle est du XVIe siècle et porte çà et là quelques attributs, et aux angles, de très jolis dais, dans le goût du XVIIe siècle. L'escalier présente cette particularité qu'on y voit à droite et à gauche une main courante qu'on ne trouve ordinairement que d'un côté dans les escaliers de pierre de nos monuments.

L'église de Carville, dont nous parlerons plus amplement lors de sa réédification, est contemporaine de celle de Longpaon, mais est restée dépourvue de toute sculpture et par là même de toute richesse à l'extérieur.

Mais sa magnifique tour eut le mérite d'être achevée et constitue à elle seule un remarquable monument.

III

Incendie des deux Eglises de Darnétal par les Calvinistes en 1562.

Leur réédification.

-----

§ I

PERSONNE n'ignore que les guerres de Religion ont eu des périodes de feu et de sang, dont le souvenir est ineffaçable. Darnétal fut le théâtre de ces horreurs, aux fêtes de la Pentecôte de l'année 1562, année à laquelle on ne peut comparer qu'une autre année néfaste : 1793.

Lesguilliez cite une relation manuscrite (1) relative aux Calvinistes de Rouen, que nous transcrivons textuellement : « Le « cinquième jour de juin 1562, lesdits Calvinistes voyant qu'il y « avait, à une lieue près de Rouen, un bourg nommé Dernestal, où « passent deux petites rivières, l'une nommée Robec et l'autre « Aubette, ils y envoyèrent leurs soldats de couleur, qui estaient « nouvellement revestus de chapes et de chasubles des églises « catholiques, car la plupart avaient des chausses des dites « chapes qu'ils nommaient à la querquesse (à la grecque) ; aux- « quelles chausses il entrerait bien un enfant d'un an, tout vestu. « Lesdits soldats estant audit lieu de Dernestal, ils entrèrent « de force dedans, à cause que ceux dudit bourg estaient fortifiés, « en leurs rues. Lesdits soldats estant entrés, ils brûlèrent deux « églises, l'une nommée Saint-Pierre de Carville et celle de « Longpaon, avec environ quarante maisons dudit bourg....., « Ils firent du mal incroyablement ; ils bruslèrent en un logis « où il leur fut dit qu'il y avait des prestres, de sept à huit « personnes, tout vifs. Quant au bon butin desdites églises de

(1) Sans doute celle de Balandone, dont parlera plus loin M. Bouquet,

« Dernestal, comme argent, cuivre, étain, plomb, fer, draps,
« habits, linge, vaisselles et livres, ils apportèrent tout audit
« Rouen. Ce fut quasi leur premier chef-d'œuvre qu'ils firent,
« après avoir la force en ladite ville de Rouan, et là, tout fut fait
« audit Dernestal, le propre jour de la Pentecoste.

« Ce qui fut la cause de les faire courir en premier lieu, à
« Dernestal, ce fut pour ce que ceux dudit lieu étaient fort riches;
« car ils y trouvèrent beaucoup de meubles, comme draps qui se
« font audit lieu, argenterie et autres meubles, en grand nombre,
« comme vaisselle et grandes chaudières de brasseurs et à
« teinturiers, qu'ils démolirent et à la fin apportèrent à Rouan.
« Outre ladite cause il y en avait encore une autre, c'estait pour ce
« qu'ils doutaient que le camp du Roy ne s'y vint loger, et aussi à
« cause que, en ce lieu, on peut destourner lesdites petites rivières
« de Robec et d'Aubette, de venir à Rouen; ce qui advint depuis
« se repentirent bien fort qu'ils n'avaient entièrement destruit et
« bruslé ledit bourg. » En effet, quelques mois après ces événements, Antoine de Bourbon, roi de Navarre, chargé par Charles IX
de faire le siège de Rouen, vint établier son quartier général à
Longpaon (1).

Et même: Il a dû y avoir un combat entre les Calvinistes et les
habitants de Darnétal sur la colline, derrière l'église de Longpaon:
car en élargissant, il y a une quarantaine d'années, la partie de la
sente Delaunay, en face le jardin du presbytère, les ouvriers ont
ramené, à la surface du sol, beaucoup d'ossements humains, sans
nul doute une partie de ceux des victimes de ce combat (2).

N'eût-on recueilli aucun témoignage extérieurs sur les méfaits
de cette invasion, dont les « drappiers drappants » de Darnétal
durent être particulièrement victimes, on aurait encore un témoignage irrécusable fourni par l'édifice lui-même, sur le sort qu'on
fit subir à l'église de Longpaon.

En effet, lors des travaux de 1855 à 1860, on a découvert sur
l'une des poutres qui maintenaient l'écartement des deux côtés
de la nef, l'inscription suivante gravée en creux, en lettres
majuscules:

(1) *Lettre-Notice* 24-25 et 31.
(2) Ibid. p. 29.

ON LECOV
LAN : MVLXII : LE LVNDI DE LA PENTHECOVSTE : IE
SVPLI : ATOVS : LECCTEVRS : QVI : LISET : BIEN : ETQVE :
IL VINT : VNGNE : GRANDE : ROVTE : DES : COMPAIGNOS :
MARLINLVTER : VINDRET DE FVRVR ENRAGEE : LEGLISE
DE CYENS : BRVLER : QVI EST : CELVY : QVY : CEEXV-
SERA : DV GRD MAL : ET : VITVPRE : QVIL : ONT : FAIT :
EN : CE PAIS : ET : EN LEGZE : NOTE : MER : LA DOVLEVR :
CI : FV : AMER : CAR : IFIRET : VN GRAN : MAL : IVINDRT
BRVLER : et PILLER : LE BOVRGAGE : DE DERNETL

G   LM   R :   CHFDVIL   T   MOVGH

Il faut lire ainsi, la dernière ligne : Guillaume Lemercier, Robert
Chefdeville, Toussaint Mouchet, qui étaient encore trésoriers
en 1567.

Ce fut M. A. Bouquet père qui copia textuellement cette inscription. Son fils, M. F. Bouquet, pense que l'auteur a voulu faire de la
prose rimée, suivant le goût du temps, et qu'on pourrait lire avec
deux ou trois légères modifications, de cette façon :

> L'an mil cinq cent soixante-deux
> Le lvndi de la Penthecouste,
> Je svpplie à tovs lectevs.
> Qvi lisent bien et qve.
> Il vint vngue grande rovte (bande)
> Des compaignos Martin Lvter
> De fvrevr enragée
> L'église de ceans brvler.
>
> Qui est celui qui excvsera
> Dv grand mal et vitvpere (actions blâmables)
> Qu'ils ont fait en ce pais la
> En l'église notre mère.
> La dovleur ci fvt amère,
> Car I firent vn grand mal
> I viendrent brvler piller
> Le Bourgage de Dernetal (bourg) (1).

(1) *Tour de Carville*, p. 123.

L'église de Longpaon fut-elle entièrement détruite par l'incendie ou seulement dépourvue de ses boiseries et de ses toitures ? Là encore, les avis sont partagés. Lesguilliez et d'autres prétendent que la construction n'en souffrit guère.

M. Bouquet, au contraire, dit que les habitants de Longpaon agrandirent leur chapelle, en lui donnant les proportions d'une véritable église, après l'incendie de 1562.

M. X. de Busserolle dit à ce sujet : « L'édifice se composait d'une nef principale et de bas-côtés dont les deux pignons (un se voit encore) situés aux extrémités occidentale et orientale, nous indiquent encore les proportions..... On résolut de donner un peu d'agrandissement... Les travaux de restauration et d'agrandissement commencèrent, vers 1566. On élargit les collatéraux et l'exhaussement en fut poussé (presque) jusqu'au niveau de la grande nef ; des chapelles collatérales furent construites, ainsi que la belle tour placée à l'angle nord-ouest. Enfin on restaura la partie centrale du portail, en avant duquel, un porche d'un beau caractère architectural fut établi (1).

Ce qui concorderait assez avec le témoignage suivant, puisé dans un acte du 17 février 1567 : « Des marguilliers et des paroissiens « de Longpaon, pour eux et les austres paroissiens, maistres, « eschevins, presvosts et confrères des confréries de Saint-Ouen « et de Saint-Jéhan, vendirent des biens appartenant audit thrésor « et confrairies, pour subvenir à la réédification, construction et « repparation de ladicte église paroissiale, qui durant les troubles « derniers avoit esté totallement brullée et razée jusques aux « fondemonts et dont peu de chose estoit resté (2). »

Mais en 1610, dans un des nombreux procès qui amenèrent enfin la séparation des deux paroisses de Carville et de Longpaon, il est stipulé, que « n'entendent pas lésdits parroissiens de Longpaon « demeurer d'accord, que ladite église aye esté bastie et édifiée « postérieurement de celle de Carville, s'y ce n'est, que, pour « l'augmentation de peuple dudict bourg de *Dernétal*, la pluspart

(1) *Journal de Rouen*, 24 novembre 1858.

(2) Archives par. — Entre autres biens vendus se trouve « une portion de maisons, avec le jardinage, assis sur la franche mayrie... et est la dicte portion de maisons, de la sieurie et baronnie de Longpaon, à laquelle en est deu de rente, par chacun an, ving sols tournois... achetée par Pierre Potier marchand drapier.

« duquel est vers ledict Longpaon, on a bastyt depuis quelque
« temps, les chapelles d'autour ladite église et faict ung clocher
« autre que celuy lequel y estoit (1). »

Et pour prouver l'antiquité de la paroisse, on rappelle non sans
emphase, que, « les Abé et religieux de seinct Pierre seinct Paul-
« lez-Rouen assistés de l'archevesque et du clergé ensemble, du
« duc Raoul et des habitants de la ville, furent quérir » à cet
endroit, le corps de Saint-Ouen.

Il est donc hors de doute que l'église faillit être détruite. Et
l'agrandissement que l'on disait en 1610 fait « depuis quelque
temps » et consistait en chapelle et « ung clocher autre que celui
lequel y estoit » remonte bien au siècle précédent, mais était
antérieur à l'incendie. Car, dans l'intérieur des chapelles,
on a retrouvé et même remplacé des pierres profondément
calcinées.

De plus, un examen attentif de la tour du clocher fait découvrir les traces des flammes qui, de la toiture des nefs, avaient
fortement léché les parois de la solide construction. Enfin, dans
la restauration récente de l'église, on a été amené à refaire la
partie supérieure de l'escalier du clocher, qui menaçait ruine.
Or, quels débris a-t-on recueillis dans la démolition ? Des
morceaux de pierre absolument cuite qui avaient jadis été rejoints
ensemble, à courts frais par un enduit dans lequel se retrouvaient
encore des fragments de charbon durci. A cet endroit, les marches
de l'escalier de pierre avaient été remplacées par des marches de
bois. C'est donc que toute la charpente du clocher, ayant été
embrasée et s'étant écroulée, aura continué de brûler à l'orifice de
l'escalier qui offrait un tirage tout naturel et très puissant.

C'est même la seule explication possible pour concilier les faits
avec le texte suivant de l'année 1621, où les paroissiens disent que :
« Aud. an soixante et deux leur église ayant été totallement
ruynées par les guerres civiles, a esté rebatye et réédifiée sur les
anciennes murailles et vieux vestiges, à leurs seuls frais et
despens (2). »

Ainsi l'église actuelle, dans sa plus grande partie, est du
XVIe siècle et, avec le chevet reconstruit dans le style du XVe,

(1) Archives par.

(2) Ibid.

présente l'ensemble intéressant que l'on admire avec raison (1).

Quant aux fenêtres du côté sud, toutes semblables, « elles ont leurs jours formés par deux ordres superposés d'ouvertures ellipsoïdes. Ce nouveau système, dans la disposition et dans la forme des nervures spéciales aux baies gothiques de la Renaissance fut, en effet, adopté vers la fin du xvi⁰ siècle. Il avait pour but de faciliter l'introduction, au milieu de ces nervures moins contournées et moins tourmentées, des panneaux de verre peint, qui avaient alors pris plus d'étendue et sur lesquels on figurait des scènes ou des personnages bien supérieurs, sous tous les rapports, aux fleurons des vitraux du style flamboyant (2). Ces fenêtres sont-elles toutes refaites après 1562 ? Peut-être.

A Longpaon donc on s'était mis à l'œuvre pour réparer ou reconstruire l'église ruinée, dès 1566 au plus tard et l'on continua, selon le pieux usage du temps, à y donner la sépulture aux principaux paroissiens ou plutôt aux plus grands bienfaiteurs de l'église. Ainsi le prouve une dalle tumulaire assez remarquable et qui se trouve aujourd'hui, dans la chapelle voisine du portail sud. Cette pierre a presque une histoire qui commence par son inscription et se trouve complétée par d'autres documents. Voici l'inscription :

> Cy git honorable he pierre potier, en son vivat mchat drappier,
> dem en ceste parr de Lopaon, leql décéda le iᵉ ior d'apv 1580
> priez Dieu pʳ luy. Cy honorable feme robine raulmont feme
> dudᵗ potier. Laquelle décéda, le 3ᵉ iour d'avril 1587.

L'abbé Cochet dans le *manuscrit* de son répertoire archéologique, conservé au Petit-Séminaire du Mont-aux-Malades, mentionne cette pierre et dit l'avoir « encore vue dans le chœur » parmi deux douzaines de pierres semblables, mais complètement effacées. Elle n'occupe donc point sa place primitive dans la chapelle du Sacré-Cœur, elle ne l'occupait pas davantage dans le chœur. Car un certain Guillaume Pottier, drapier à Darnétal, voulut en 1756, faire replacer la pierre tombale « de son ayeul, près la chaise à prescher »

---

(1) Tous les pilliers dont on remarque l'élégance et la hardiese, ont été aussi reconstruits, en même temps que l'abside, aux années 1855-1860. Ces colonnes de pierres de Vernon et de forme ronde, sont surmontées de chapiteaux du xvᵉ siècle, sur lesquels s'appuient des arcades ogivales en vergelé.

(2) J.-M. Thaurin, *Journal de Rouen*, 3 juin 1860.

d'où on l'aurait enlevée pour la placer « dans le cœur (1). » Le temps, heureusement, n'était plus aux procès; les trésoriers se contentèrent d'éconduire vertement, l'auteur d'une revendication dont l'objet datait d'un siècle et demi.

La fin de ce siècle fut aussi marquée, par la présence de troupes royales, au Grand Camp et au Petit Camp, en 1591, lorsque Henri IV vint assiéger les Ligueurs, à Rouen. Pendant ce siège, dit-on avec vraisemblance, le roi montait souvent à la tour de Carville, qui lui servait admirablement de poste d'observation. La tradition populaire va plus loin : Un boulet de canon lancé du fort Sainte-Catherine sur la tour de Carville, serait venu, un jour, tomber aux pieds du roi Henri IV, pendant que le vaillant monarque observait à son poste habituel, les mouvements de l'ennemi. La trace du projectile se voyait encore, nous dit-on sérieusement, avant la restauration de la tour. Il n'y a d'ailleurs rien d'impossible à tout cela, et la légende peut se perpétuer, sans rien ajouter ni rien ôter, au souvenir de l'intrépide vainqueur de la Ligue.

Dès l'année 1589, Henri IV séjourna souvent au camp de Darnétal. *Les Lettres de Henri IV*, publiées par M. Berger de Xivrey, 1846, nous l'apprennent en maints endroits (2).

Ainsi, le vingt-septième jour d'aoust 1589, il écrit de Dieppe: « Je pars demain pour m'en aller, avec quelques balles... rejoindre mon armée, que j'ay laissée à Dernetal près de Rouen, sans l'assiéger. »

D'assez nombreuses lettres sont écrites « de Dernétal » notamment, en septembre 1589, septembre et décembre 1591. Enfin une des dernières, se termine ainsi; « Escript au Camp de Dernétal le premier jour de janvier 1592. »

(1) Archives par. — Entre autres biens vendus pour la restauration de l'église se trouvait « une portion de maisons avec le jardinage... assis sur la franche Mayrie... et étant de la sieurie et baronnie de Longpaon ». L'acquéreur fait le même Pierre Potier, marchand drapier.

(2) Il faut dire que cette présence des troupes royales ne fut pas pour le pays une ère de prospérité, ainsi que le laisse-supposer Pierre Monnoye dans son compte de 1588-1589. « La charité de Longpaon est en recepte à 45 sous dont je n'ay rien reçu, de mes trois années, à raison de la ruyne qu'ils ont eu du champ du roi de Navarre. » Archives dép. G. 4671.

§ II

A cette même date du 1ᵉʳ janvier 1592, l'église de Carville n'était pas encore complètement relevée de ses ruines. « Mais comme « étant la plus considérable des environs du camp royal, elle fut « le théâtre d'une cérémonie bien imposante. L'ordre du Saint- « Esprit institué par Henri III, en 1579, y tint son dixième chapitre. « Cet ordre célèbre et renommé dans tous les coins du monde, dit « André Favyn, se réunissait ordinairement, aux termes de ses « statuts, le dernier jour de l'année, dans l'église des Augustins « de Paris; mais cette ville était pour lors au pouvoir des Ligueurs; « le Béarnais menait une vie errante et n'ayant pas encore adopté « la religion catholique, ne pouvait présider une assemblée de ce « genre. L'ordre du Saint-Esprit existait donc en dehors de la « Couronne, et ce fut Armand de Gontaut, baron de Biron, « capitaine de cent hommes d'armes des ordonnances et maréchal « de France qui occupa la place du monarque, non seulement avec « la permission, mais par le commandement de celui-ci. Il donna « les insignes de l'ordre à François de Foix de Candale, évêque « d'Aire, en Guyenne, conseiller du roi en ses conseils d'Etat... « L'airain religieux salua ces chevaliers marchant processionnelle- « ment et revêtus de brillants costumes, tous ces prélats, « commandeurs et officiers portant la croix de velours jaune-orangé « cousue sur le côté gauche de leurs manteaux, robes et autres « habillements et aussi une croix d'or émaillée de blanc par les « bords, suspendue à un ruban de couleur bleu céleste. Un tel « événement est une illustration pour cette église de Carville qu'on « a rendue moderne, mais où l'on voit encore quelques vestiges de « son ancienne architecture (1).

C'est par suite de sa réédification que l'église a été « rendue moderne », car elle avait grandement souffert de l'incendie de 1562. C'est aussi à cet événement et non à aucun autre qu'il faut attribuer la séparation si diversement racontée de la tour et de l'église de Carville.

D'une visite présidée par l'Official de l'Archevêché de Rouen, il nous reste cette relation très explicite: « Aprez nous être renduz en « l'église de Sainct-Pierre de Carville, n'avons trouvé en icelle,

(1) Darnétal et ses monuments religieux par Léon de Duranville, 16-17.

« que le cœur ou chanceau grand et eslevé, voulté de pierre
« couvert en ardoise, avec sept chapelles autour du chœur, voultés
« particulièrement avec doubles vitres, celles d'en haut estant
« bouchez de bois et plastre, la nef de ladite église ayant esté
« ruynée durant les troubles de soixante et deux et n'y restant à
« présent que la tour séparée dudit cœur, en laquelles, sont
« plusieurs cloches, et un grand et ample cimetière clos de murs
« de pierre et caillou. Le dict chanceau clos d'un boult rabattu
« couvert de thuile. »

D'ailleurs, nous avons la certitude qu'en 1652, à la date du
27 avril, on inhumait un paroissien de Carville « dans la vieille
église, » c'est-à-dire dans la partie de l'église qui tombait en
ruines et fut complètement démolie quelques années plus tard.

On nous saura gré ici d'une digression intéressante par son objet
et par l'auteur déjà cité dans notre travail, M. F. Bouquet.

Voici textuellement le rapport de M. F. Bouquet lu à une séance
de la Commission des Antiquités, le 1er février 1894 :

LE PORTAIL DE L'ÉGLISE DE SAINT-PIERRE DE CARVILLE, A DARNÉTAL

Par M. Bouquet

« Quand et comment fut construit le portail actuel de l'église de
Saint-Pierre de Carville, à Darnétal ? C'est en vain qu'on cher-
cherait la réponse à cette question chez tous ceux qui ont écrit sur
cette église. On sait par eux que l'église actuelle n'est qu'une partie,
un démembrement de l'église reconstruite au début du xvie siècle
pour remplacer l'église primitive; que la portion de la nef de cette
seconde église, attenant à la tour, fut incendiée le jour de la
Pentecôte 1562 (1), par une troupe de protestants venus de Rouen.
Plus tard, on déblaya les ruines, on rasa les murs de la nef
endommagée, et, des portions restées intactes, c'est-à-dire le chœur,
les deux chapelles latérales et quelques parties de la nef, on fit avec
une clôture telle quelle, un édifice qui ne représentait plus que les
deux tiers de l'ancienne église.

(1) La *Relation de ce qui s'est passé à Rouen pendant les troubles arrivés
en 1562 au sujet des Calvinistes* (par Balandonné, procureur syndic de Rouen),
dit que ce fut « le 5e jour de juin ». Plus loin, elle ajoute : « Tout fut fait le
propre jour de la Pentecôte. » *Revue rétrospective normande*, publiée par
M. A. Pottier, p. 19. Or, cette fête tombait le 17 juin en 1562.

« En 1683, ce diminutif d'église était tellement délabré qu'on jugea très urgent de ne plus y célébrer le service divin et que les marguilliers songèrent alors à le réparer. Le 22 juin 1687, ils traitèrent avec Jacques Gravois, maître maçon et architecte de Rouen, pour la construction d'un portail, d'après le plan qu'il avait donné.

« Les travaux de restauration les plus urgents furent faits au moyen d'une souscription ouverte parmi les paroissiens ; mais les fonds ne suffirent pas pour entreprendre la construction du portail. Sur la réclamation générale des habitants, le Conseil de fabrique, par délibération du 8 septembre 1688, émit le vœu «qu'on terminât d'une façon ou d'autre, la clôture de l'église ».

« Tout cela se passa pendant que Pierre Sémond était curé de l'église de Carville, de 1685 à 1694 (1).

« Les paroissiens étaient trop épuisés pour faire face aux nouveaux frais de la construction du portail indispensable, et, douze ans après le vœu du Conseil de fabrique, il était encore à faire ; mais bientôt ils allaient avoir satisfaction d'une façon tout-à-fait inespérée.

« En 1700, Louis XIV institua une loterie royale pour activer l'achèvement de quelques églises et surtout pour fournir à Paris des pompes à incendie, dont la ville était complètement dépourvue. Cette loterie s'élevait au capital de dix millions et se composait de 440,000 billets à deux louis, comprenant 85 lots en argent, qui représentaient 500,000 livres de rentes.

« L'église de Saint-Pierre de Carville obtint sa part de cette bonne aubaine, et la preuve s'en trouve dans un ouvrage où l'idée ne serait venue à personne d'aller la chercher.

« Vous savez, Messieurs, que la ville de Paris a réuni dans l'hôtel Carnavalet, au Marais, rue de Sévigné, tout ce qu'elle a pu découvrir des vestiges, des monuments et des documents de son histoire. Il y a là un musée des plus curieux et une bibliothèque des plus riches, puisqu'elle compte 80,000 volumes et 70,000 estampes et plans anciens, tous spécialement relatifs à l'histoire de Paris.

« Cette bibliothèque contient une fort intéressante série de ces *Almanachs historiques*, dont le rôle était de réfléchir en quelque sorte, comme dans un miroir fidèle, par une gravure placée en tête

(1) On a vu que de 1691 à 1694, ce fut un curé du nom de Petit qui remplaça Pierre Sémond.

du livre, le principal évènement de l'année précédente, et, sur les côtés, des médaillons plus ou moins grands, plus ou moins nombreux, rappelaient le souvenir de faits de moindre importance. C'est ainsi que l'*Almanach historique* de 1706 donne, en tête de son texte, la gravure de la loterie instituée en 1700, par Louis XIV, avec ce titre explicatif : *Loterie tirée par permission du Roi pour le bien public, le soulagement des hôpitaux, l'édification des églises et la sûreté de la ville de Paris contre les incendies.* On y voit des personnages de tout rang, confondus par l'appât commun du gain, l'espoir d'un gros lot. De plus, six petits médaillons, trois de chaque côté, indiquent les œuvres auxquelles sera consacré le produit de cette Loterie. Ce sont, à gauche, l'hôpital de Limoges, Saint-Pierre d'Arnétal, de Rouen, Saint-Louis en l'Isle, de Paris ; à droite, Saint-Louis de Poissy, Saint-Roch, à Paris, enfin les pompes à incendie.

« Le deuxième médaillon de gauche nous intéresse particulièrement ; mais l'orthographe fautive de son texte, comme cela se produisit trop souvent et trop longtemps dans les anciennes gravures, est quelque peu faite pour nous dérouter. Il est ainsi libellé :

« *Saint Pierre* D'ARNÉTAL, *de Rouen.* »

« Le mot *Darnétal* y est écrit comme s'il était un surnom quelconque de l'apôtre saint Pierre, et la fin du texte place bien gratuitement cette église à Rouen. Or, c'est bel et bien de l'église de Saint-Pierre de Carville, à Darnétal, près Rouen, qu'il était question dans l'*Almanach historique* de 1706 (1).

« Comme la manne financière ne tombe pas d'elle-même du ciel administratif, il est permis de croire que celle de la Loterie royale fut sollicitée. Il n'est pas trop téméraire de supposer que le curé de l'église de Carville, qui était alors (2) Denis Laffecteur (1694-1728), s'adressa, pour l'obtenir, à l'archevêque de Rouen, Jacques-Nicolas Colbert, auteur de réformes utiles, tout dévoué à son clergé et aux églises de son diocèse, fort bien en cour à cause du nom qu'il portait. Il pouvait bien

(1) La gravure représentant le tirage qui avait eu lieu en 1705, est signée : « *De l'Armessin, sculp.* »

(2) Non pas Denis Laffecteur comme l'avait publié Lesguilliez, mais Thomas Tinel, son successeur (1702-1743).

mieux obtenir cette faveur que son neveu Jean-Baptiste Colbert, marquis de Seignelay, qui, en sa qualité de haut-justicier de Darnétal, comme seigneur de Blainville, aurait pu s'intéresser à cette église, si sa grande jeunesse ne l'avait mis alors en la garde-noble du roi.

« Toujours est-il que la part de la Loterie royale attribuée à l'église de Saint-Pierre de Carville permit d'en construire le portail dans les premières années du XVIII⁰ siècle. L'architecture en est des plus simples et accuse nettement la date de cette construction, si peu en rapport avec le reste de l'édifice. Ce portail se compose d'une grande porte correspondant à la grande nef et de deux autres portes plus petites pour accéder aux deux collatéraux. Au-dessus de ces portes, sont deux ordonnances : l'une, d'ordre dorique, sans aucun ornement dans l'entablement; l'autre, je n'ose dire d'ordre corinthien, tant les chapiteaux sont grossièrement faits, avec des feuilles d'acanthe contournées et écrasées ; c'est plutôt un ordre composite comme on n'en voit nulle part. Au centre de cette dernière ordonnance, on ménagea une niche restée vide jusqu'à nos jours, où l'on finit par y mettre une statue de saint Pierre, patron de l'église. Le tout est couronné d'un fronton sans sculptures, surmonté d'une croix, et qui ne dépasse guère la hauteur de la nef centrale. La nature de la pierre, d'une qualité inférieure, montre clairement le point de départ du raccord, à quelques mètres de la construction nouvelle.

« Ce portail, conçu dans le style grec, si fort en faveur au xvii⁰ siècle et que le xviii⁰ amoindrit singulièrement, est un vrai contre-sens, placé en tête d'une église de la Renaissance, dont la nef nord, à la hauteur du chœur, possède un vieux vitrail portant la date de 1565.

« Une loterie royale, telle fut donc la source des fonds qui permirent de remplacer la clôture de planches de l'église de Carville par un portail de pierre. S'il laisse tant à désirer pour l'architecture, c'est qu'on se borna probablement à reprendre le plan donné en 1687 par l'architecte rouennais Jacques Gravois. »

La tour se trouva donc définitivement séparée de l'église qu'elle complétait si majestueusement. Et seule elle conservait son caractère primitif que Léon de Duranville décrivait ainsi en 1850, quelques années avant la dernière restauration de ce monument : « La tour de Carville n'occupe pas un carré parfait; les façades du nord et du sud sont moins larges que les deux autres... (1) Elle n'a pas cette profusion d'ornements qu'on remarque à la tour Saint-Jacques de Dieppe ; puis, au lieu de la lourdeur de celle-ci, elle a quelque chose d'assez svelte. Il y a solution de continuité entre cette haute tour et les murailles de l'église mais l'alignement septentrional est le même. Cette tour donne lieu de regretter sincèrement l'aspect qu'avait le temple au XVIe siècle, quand les chevaliers du Saint-Esprit vinrent y prendre séance », si déjà la partie de nef incendiée en 1562 et maintenant disparue, n'était pas encombrée de ruines et séparée du restant de l'édifice par quelque mur provisoire.

La magnifique tour gothique terminée par une galerie à jour, attire depuis quatre siècles le regard des étrangers qui arrivent de Rouen à Darnétal ou y descendent des plateaux voisins.

Après Henri IV et sans crainte de s'y rencontrer avec un boulet même le plus discret, on peut sur la plate-forme, jouir d'un panorama vraiment grandiose : à l'ouest, toute la ville de Rouen dominée par les flèches et les tours monumentales de ses églises, s'abritant au pied des riantes collines de Canteleu et du Mont-aux-Malades ; au nord, l'église et la vallée profonde de Longpaon entourée de « côtes » et de petits « monts » qui semblent de puissants contreforts jetés là pour soutenir les plaines de Saint-Jacques-sur-Darnétal, de Roncherolles-sur-le-Vivier, de Boisguillaume ; au levant, le charmant vallon de Saint-Léger ; au midi enfin, les côtes et les sommets de Mesnil-Esnard et de N.-D. de Bonsecours. Un bel escalier de deux cents marches permet de faire facilement cette ascension de près de quarante mètres.

En 1781 il y avait encore attenant à la tour, en face du portail actuel, un avant-portail qui fut bientôt démoli. C'était sans doute un témoin rappelant que l'entrée de l'église était là autrefois et qui devait faire bien vivement regretter la séparation forcée de l'église et de la tour (2).

La fontaine qui coule au pied de la tour de Carville, y a été établie en 1834. Elle est alimentée par la *Source du Roule* ou de Carville qui, depuis le commencement du seizième siècle, fournissait déjà l'eau à plusieurs fontaines de Rouen. C'est ce qui explique la

_____

(1) On a remarqué que le périmètre de la tour fournit la même mesure que la hauteur totale du monument.

(2) Lesguilliez, *Lettre-Notice.*

mention que font les *Archives départementales* (1) d'une « réparation de la fontaine de Carville à Rouen » en 1527 ou 1528, et l'année suivante, de « travaux à la fontaine de Monseigneur et pavage du pont devant l'église de Carville (2). »

C'est Monseigneur le Cardinal Georges d'Amboise qui avait doté la ville de Rouen de l'eau de cette source considérée comme une des meilleures, sinon la meilleure de toutes les sources amenées dans la ville, en prenant à sa charge la moitié des frais de canalisation.

(1) G. 113.
(2) G. 116.

I V

Querelles et procès entre les paroissiens de Carville
et ceux de Longpaon.

Séparation des deux paroisses.

APRÈS le combat contre les Calvinistes et contre la ruine
dont Darnétal avait été par suite menacé, alors qu'on
reprenait vie, s'engagea une autre lutte, moins meurtrière
celle-là, mais grosse de conséquences au point de vue paroissial.
Nous voulons parler de la guerre de clocher à clocher, guerre qui,
après une durée d'un demi-siècle, allait changer non pas la carte
du monde habité, mais au moins celle de l'antique *Doyenné de la
Chrétienté,* en faisant de Darnétal deux paroisses. Disons en
passant que, par la *Chrétienté* le seul doyenné qui ne fût pas
désigné par le nom de l'une de ses paroisses les plus importantes,
il faut entendre la réunion des paroisses les plus voisines du siège
archiépiscopal. C'était le premier doyenné du *Grand Archidiaconé*
et le Doyen pouvait être le Curé d'une paroisse de Rouen ou d'une
paroisse rurale (1).

Il sera toujours difficile de dire si de part et d'autre les adver-
saires n'invoquèrent que des titres bien authentiques de leurs
revendications. Mais cet antagonisme déclaré est probablement le
fait de notre histoire locale qui revêt le genre d'intérêt le plus
ignoré de nos jours.

(1) *L'Estat des Feux et des Droits des Registres* nous apprend que le
Doyenné de la Chrétienté comprenait, au siècle suivant, en 1707, parmi les
paroisses qui ont formé le Doyenné de Darnétal après la Révolution : « Boisguillaume avec 163 feux, Carville avec 274 feux, Fontaine-sous-Préaux avec 33 feux,
Vivier-Saint-Martin avec 43 feux, Isneauville avec 96 feux, Longpaon 326 feux. »
(Arch. dép. G. 5136). Quant à *Bardeniacum* Bourdeni (Saint-Léger-du-Bourg-
Denis) qui jadis aurait été désigné sous le nom de Carville, il faisait à cette
époque, partie du Doyenné de Périers (Toussaint du Plessis, II, 469) et Arch.
dép. G., 1467.)

Ah! si l'on aimait tant jadis son clocher et sa paroisse, c'est que la religion et tous les objets qui s'y rattachaient étaient le centre des affections les plus chères d'un peuple chrétien. Cet amour sacré, ce culte de paroisse n'était pas sans imperfection et il faut même lui reconnaître les défauts de ses qualités. Mais ce sont excès mille fois plus pardonnables que l'oubli et l'indifférence à l'égard de l'église où l'on est devenu enfant de Dieu, et des devoirs de la religion.

Il y avait à cette époque, vers 1607, comme Curé de *Dernétal*, un homme vraiment appelé à rétablir la paix, si la paix eût été possible, un prêtre, tout de charité, qui aimait ses ouailles, toutes ses ouailles, sans acception ni exception de personnes. Il aurait voulu les faire vivre

> Parmi les doux plaisirs d'une paix fraternelle

et à l'exemple du bon Pasteur, unir ses brebis chéries en un seul troupeau. Bref, c'était un ange de bonté, un ange pacificateur que « discrette personne maistre Noël Bynet. » Eh bien! le digne homme eut beau faire, il y perdit son temps et sa peine. Il fut même, très innocemment, la cause de cette guerre sans trêve ni merci.

Il n'avait pas de presbytère et, sans doute, il témoigna le désir d'en obtenir un. Il lui fallait jusque-là loger où il pouvait. Oh! ce n'est pas qu'on ne voulut point accéder aux désirs du bon curé! Au contraire, on y mit un zèle, un empressement qui compromit entièrement la tranquillité du pays, de chaque côté de la petite rue des Mellots, ligne de démarcation qui, surtout aux jours de pluie, devenait vraiment un fatal Rubicon. Le traverser, c'était provoquer les hostilités d'un côté ou de l'autre.

On demeurait d'accord dans les deux camps, d'élever au digne curé une demeure proportionnée à ses mérites et à l'affection qu'on lui portait. Ceux de Longpaon disaient: « la question n'est pas « même sur le bastiment qui doit estre construit, aux dépens des « paroissiens des deux paroisses, pour loger et héberger ledict « Bynet curé d'icelles, les paroissiens de Longpaon s'estant « tousiours offerts à ce debvoir…; mais à cause du *lieu et endroit*, « où ledict bastiment doibt estre assis (1) ».

Voilà la question nettement posée: laquelle des deux paroisses

(1) Archives paroissiales.

aura le curé chez elle et pourra, en même temps, se regarder comme la plus importante ?

Comme témoignage public de leur attachement au bon curé, les paroissiens de Longpaon avaient eu soin de placer son nom, au bas « de la vitre de Saint-Joseph » où, cent ans plus tard, on lisait encore :

En l'année mil six cent et sept
Cette vitre fut cy mise
Du temps de maître Noël Bynet
Docteur curé de cette église,
Des deniers des paroissiens
Et fut refaite cette fois,
Lorsqu'étaient thésauriers céans
Les sieurs Panterre et Cauchois.

Mais d'autre part ils surent que « ledict Bynet s'estoit joinct d'affection avec lesd. trésoriers de Carville pour soustenir que ledict bastiment, pour le loger, debvoit estre édifié au lieu où lesd. trésoriers le désiroient ; » quand il aurait dû « se tenir neustre entre lesd. paroissiens desd. deux paroisses, voire mesme, quand il yroit quelque chose de son intérest ». Aussi continua-t-on à à soutenir plus fort, que « ledict bastiment debvoit estre situé et assis entre lesd. deux paroisses et au milieu dudict bourg, pour la commodité des ungs et des autres, ou bien qu'ils donnoient cet advantage auxd. paroissiens de Carville: de faire bastir ledict édifice, en tel lieu que bon leur sembleroit, en les deschargeant de contribuer aux fraisu ddict bastiment (1) ».

Les trésoriers de Carville eurent d'abord une velléité de prendre le tout à leur charge, et de bâtir chez eux. Mais « possédés de la mesme humeur des Carthaginois, qui ayant receu librement l'imposition du tribut, en portèrent sy aigrement le paiement qu'ils en esmurent la guerre, » ils regrettèrent leur imprudence, et voulurent tout à la fois, avoir l'avantage pour eux seuls, en faisant participer leurs voisins aux frais de la construction.

D'abord on ne s'attendait guère... à voir les Carthaginois en cette affaire. Puis le curé avait-il toujours habité Carville? « Y ayant apparence que dès leur origine première, les deux églises ont esté régies par divers curez? » Ajoutez à cela qu'il y a « une bonne partie des maisons desd. parroissiens de Longpaon, à plus d'un

(1) Archives paroissiales.

grand quart de lieue et demy de distance jusques audict Carville. »
Ces premières escarmouches, si elles ne firent pas verser de sang,
virent couler des flots de la plus belle encre.

Et ce fut tout. Il n'y eut pas de presbytère. Dix ans plus tard, la
question n'avait pas fait un pas vers la solution ; mais ce
que les esprits fomentaient d'astucieux projets! mais ce que le
pauvre curé souffrit dans son cœur meurtri! Rien ne le pourrait
faire mieux comprendre que le certificat suivant, dont les trésoriers
de Longpaon se firent délivrer copie « le vingt deuxiesme jour
« d'apvril, mil six cent vingt et ung: Moy soussigné Noël Bynet,
« p^bre bachelier en théologie, cy devant curé de *dernestal*, certiffie
« à tous qu'il appartient, que pendant le temps de dix à douze ans,
« que j'ay fait ma demeure et résidence aud. bourg de dernestal,
« comme curé des deux paroisses de Carville et de Longpaon, mes
« paroissiens de Longpaon, tant en particulier qu'en général, ne
« m'ont jamais faict ny donné auleune occasion de mescontente-
« ment, ains m'ent tousiours chéry, honoré et respecté, comme
« vrays parroissiens doibvent faire leur pasteur et le seul subject
« qui m'a occasionné de quitter led. bourg de dernestal et permuter
« led. bénéfice, n'a esté que les dissensions continues, d'entre les
« dicts habitants desd. deux paroisses, qui esmouvoyent entre eux,
« journellement, guerres, esmotions et procez et ce à cause de la
« prééminence et supériorité que lesd. habitans de Carville
« prestendent avoir sur les parroissiens de Longpaon..... quoique
« j'aye faict tout mon pouvoir pour pacifier lesd. discordes ».

Tel était alors l'état des esprits, que le charitable maître Bynet
dut donner sa démission. C'était la division des deux paroisses
qui se préparait. Et vous allez juger, par le peu que l'on en sait, si
elle devint nécessaire, absolument nécessaire. Autre temps, autres
mœurs, et c'est en tenant compte de cet adage qu'il faut
suivre les différentes phases des hostilités engagées.

On voulut donc à Longpaon, à tort ou à raison, avoir un curé
comme on avait une église. Et justifiant l'axiome: qui veut la fin,
veut les moyens, on voulut recourir aux vrais moyens tout d'abord.
« La première demande des habitants de Longpaon, adressée à
« François de Harlay, archevêque de Rouen, est du 2 octobre 1617.
« La demande lui paraissant juste, le prélat l'avait accueillie favo-
« rablement et avait ordonné cette division ; mais le titulaire et les
« habitants de Carville s'y opposèrent de tout leur pouvoir; ils

« élevèrent tant de difficultés que l'affaire dut être portée devant le
« Parlement de Normandie(1). » Oui, la Discorde que devait bientôt
chanter Boileau leur ouvrit plus d'une fois son Palais et vit

> Accourir à grands flots ses fidèles Normands.

La « Reine des longs procès » se plut à les rassembler dans sa
« Grand-Salle », en quelque lieu,

> .... des plaideurs respecté
> Et toujours des Normands à midi fréquenté.

Une génération devait vivre et mourir avant que le procès fût
terminé. Les détails nous manquent sur cette première étape de
procédure. Mais en revanche, les archives paroissiales ne nous
laissent pas ignorer quelle surexcitation, quelle effervescence agi-
tait le pays des drapiers drapants et surtout des habitants du sol
illustré par les reliques de Saint-Ouen.

Les faits vont parler d'eux-mêmes. Le successeur de Mre Bynet
était Mre André Delamare qui, lui, ne voulut se démettre ni se
soumettre pour avoir la paix. Il ne connut que son droit, et ne
voulut tenir aucun compte des difficultés que lui suscitèrent sans
relâche les rebelles de Longpaon. Car eux aussi se croyaient forts
de leur droit, depuis que Monseigneur de Harlay s'était prononcé
pour eux.

En 1620, le jour de la Saint Marc, éclata un gros scandale. Le
curé était venu pour régler lui-même l'ordre de la procession. Les
paroissiens, trésoriers en tête, étaient là le regardant faire, et prêts
à la résistance. Car ils avaient juré d'amener par les faits, ce qu'ils
ne pouvaient obtenir par justice : la séparation nécessaire, forcée,
entre les deux églises. Ils prétendirent donc que « led. curé estoit
« venu aud. Longpaon, pour mener les paroissiens dud. lieu, en
« la procession à Sainct Pierre de Carville pour, au lieu de dévotion,
« les mettre en discorde ». Aller se joindre à Carville, quand on se
connaissait le droit, proclamé par un archevêque, d'être paroisse
séparée, c'en était trop !

Maître André Delamare d'un ton et d'un geste des plus impératifs,
enjoignit à un serviteur de l'église « *Jean Dehors* fossier », de
porter « la banyère de ladite esglize ». Mais voilà un homme bien

(1) Lesguilliez, *Lettre-Notice*.

empêché! Comment obéir? et comment ne pas obéir? Le curé était son supérieur et il commandait; les trésoriers étaient les maîtres et ils défendaient. Il allait cependant saisir sa belle banyère de Saint-Ouen, qu'il avait tant de fois portée en triomphe, aux plus grandes solennités, quand les trésoriers s'y opposèrent nettement. Et « estant prest led. fossier de porter la banyère, ils avaient « remonstré audict curé qu'il convenoit plustot, qu'un prestre les « conduise séparément à lad. procession, sans les joindre avec « lesditz paroissiens dudict Saint Pierre, comme de temps « immémorial, il avoit esté observé; sy mieux il ne voulloit luy « mesme la conduire. Et avoient dit. aud. fossier qu'il n'eust à « porter ladicte banyère, jusques à ce que le procez pendant entre « eux, aud. Parlement de Rouen, fust vuidé ». A quoi le curé aurait répondu, sans périphrase « qu'il n'avoit que faire de l'ordre acoustumé et qu'il pouvoit luy seul establir tel ordre qu'il adviseroit bien être. » Les trésoriers, prétendirent que « pour esviller une « émotion populaire, ils pouvoient empescher led. fossier de porter « lad. banyère. » Pas de bannière, partant pas de procession. Inutile de dire que, de toute la semaine (c'était un lundi) on ne parla que de la procession manquée et de la leçon infligée à Maître Delamare. Mais lui, justement indigné de cette conduite scandaleuse, alla droit porter plainte à l'Officialité de Rouen. Et dès le vendredi, « vingt « neufiesme jour d'apvril, devant Alphonse de Bretheuille official « de Rouen, chanoyne et chancelier en l'esglize dud. lieu, » nous retrouvons en présence, les principaux personnages de la Saint Marc et tout d'abord: « discrette personne Mre André Delamare, « prestre curé de dernestal et Jean Dehors fossier en l'esglize de « Longpaon dud. dernestal. » Ce dernier se tire promptement d'affaire, en représentant par son avocat, « que la vérité estoit qu'il « avoit reçeu le commandement dud. curé et se préparant à prendre « lad. banyère, en avoit esté empesché par lesditz trésoriers et « paroissiens soustenant que led. curé se debvoit plustost adresser « à iceux, que à lui requérant congé. »

Il fut en effet « envoyé en congé de court, sans despens. » Toutefois il fut enjoint au brave homme, d'obéir au curé. Quant aux marguilliers qui avaient quelque peu faussé l'histoire, en déclarant qu'on n'allait jamais avec les paroissiens de Carville, on leur ordonna, à eux et aux autres paroissiens d'obéir au curé, « à paine d'excommunicaõn et d'implorer l'aide du bras séculier. »

Ce qui ne put manquer de les faire protester vivement. Toutefois, pour les consoler on ajoutait : « Sans que cela préjudicye à l'ins-« tance pendante au Parlement de Normandye. »

Force restait à l'autorité, comme cela se devait. Mais on était bien loin de l'apaisement, qu'on en juge plutôt. A peine quelques semaines s'étaient-elles écoulées, depuis les évènements de la Saint Marc que de nouveaux troubles se produisaient encore à Longpaon.

Vu l'état des esprits, et redoutant de nouveaux scandales, l'autorité ecclésiastique avait essayé d'empêcher le retour de faits regrettables. Le remède fut encore plus désastreux que le mal.

Voici ce que nous lisons, à ce sujet : « Moy Jacques Benoist « sergent appariteur, en la cour ecclésiastique de Rouen, certiffie « à tous (ceux à) qui il appartiendra, que jourd'huy huictiesme « jour de juin, mil six cens vingt, suivant le commandement à « moy verballement faict, par Monsieur du Buisson conseiller du « Roy, en son parlement de Rouen et grand vicaire général de « Monseigneur le Révérenme archevesque dud. lieu, primat de « Normandye, je me suis exprès transporté au bourg de Dernétal, « paroisse de Longpaon et de Carville, affin de porter une lettre « contenant ordonnance de mond. sieur du Buisson grand vicaire, « au curé de lad. paroisse de Longpaon pour le règlement qui « debvoit estre faict, aux processions qui, en ces jours, sont ordi-« naires de partir desd. paroisses et autres qui y doibvent arriver, « pour remédier aux inconvéniens accoustumés survenir, en telles « cérémonies, *notamment auxd. lieux.* »

Il semble que la présence du représentant officiel de l'arche-véché, aurait dû empêcher les désordres passés de se renou-veler. Tout au contraire, ce fut l'huile versée sur le feu. Le sergent appariteur nous raconte, en effet, ce qu'il vit et entendit : « Auxquels estant, j'ai apperçu grand nombre de peuple, tant « prebtres que layques et parroissiens de lad. parroisse de « Longpaon, avec led. curé d'icelle (Mre Delamare) disputant les uns « contre les autres et spéciallement led. curé, faisant tous un grand « bruiet touchant l'ordre qu'ils debvoient tenir, auxd. processions « prestes à partir. »

Curé, marguilliers et paroissiens « estoient fort émeus en grand trouble et combustion, au grand scandale d'ung chacun. » D'un coup d'œil sûr, le sergent appariteur jugea que le moment était

venu de se jeter dans la mêlée et de donner vigoureusement. « Ce
« que j'ay faict, dit-il, et à l'instant, j'ai présenté les lettres de la
« part de mondit sieur *du buisson* audit curé de la paroisse de
« Longpaon. Lequel les ayant leus a dict publiquement ces mots :
« les paroissiens de Longpaon ont eub bien de la peine d'aller
« solliciter monsieur *du buisson*... Ils pensent avoir gaigné leur
« cause par là, mais ils se trompent... »

Pour comble d'embarras, et comme si le malheureux officier de
l'autorité diocésaine n'eut pas été déjà débordé par cette multitude
exaspérée, « à l'instant est survenu le prieur du Mont-aux-Malades
avec grand nombre d'autres curés et paroissiens des paroisses
circonvoisines, en ordre de procession. Lequel prieur, fort de ses
privilèges, dit que « l'on ne debvoit recongnoistre d'autre que luy. »
Finalement, d'accord avec le curé, il dit à tout ce monde : Suivez-
moy. « Et par une forme d'arrogance et viollence ont enlevé lesditz
« paroissiens et peuple cy-dessus, les menant en tout désordre et
« confusion où ils ont voullu, sans entendre le surplus de ce que
« je prétendois leur dire, pour l'effect cy-dessus ; ayant esté
« contrainct me retirer. »

C'était vraiment du scandale et du scandale qu'il fallait non pas
réprimer mais supprimer en supprimant les causes qui le faisaient
naître, en séparant deux éléments si opposés l'un à l'autre.

On crut, l'année suivante, avoir fait le dernier pas vers la division
tant désirée. Le Parlement de Normandie, on le sait, avait été saisi
de l'affaire et « cette cour souveraine rendit, le 19 février 1621, un
« arrêt dans lequel il est dit que le curé et les paroissiens (de Car-
« ville) sont déclarés non recevables dans leur appel comme d'abus,
« contre l'ordonnance de Monseigneur l'archevêque de Rouen (1) ».

Ils furent même « condamnés à soixante-quinze livres d'amende
et aux dépens de l'instance envers lesdits habitants de Saint-Ouen
de Longpaon (2) ». Puis les parties furent renvoyées par devant
Monseigneur l'archevêque, avec les pièces du procès dont le promoteur général fut saisi, le 23 avril. Une accession de lieu fut jugée
nécessaire et le procès-verbal, qui nous en est resté, est curieux, à
plus d'un titre.

(1) Lesguilliez, *Lettre-Notice*, p. 45.
(2) Archives paroissiales.

A la réquisition du Promoteur, l'official avait préalablement fait appeler « les curé et trésorier en charge de ladite paroisse de Car-
« ville, les Prieur et Religieux du couvent de saint Thomas du
« Mont-aux-Malades, patrons de ladite cure, le grand archidiacre
« de l'église dudit Rouen, visiteur ordinaire dudit bénéfice pour,
« en la présence dudit Promoteur, voir ordonner de ladite accession,
« sur les lieux et informer de la commodité ou incommodité de
« ladite prétendue division et désunion. Toutes lesquelles parties
« ayant comparu en ladite officialité, après diverses procédures
« faictes, en exécution de nostre mandement du troisième de juin
« dernier, à eux respectivement signifié et exploité, seraient enfin
« demeurez d'accord; de ladite accession, au lundy douz^{me} jour de
« juillet, mois et an présents.

« Advenant lequel jour, nous serions partys de ladite ville de
« Rouen, à la requête desdits habitants de Longpaon, pour nous
« transporter, sur lesdits lieux, en la présence dudit Promoteur
« général, assistés de Me Jehan Bouette commis au greffe de
« l'Officialité dudit Rouen, prins pour greffier, Jean Coustel huissier
« appariteur en ladite Cour ecclésiastique. Et estant arrivés en un
« lieu, vulgairement appelé la *pennerère* où s'estoient arrestés
« plusieurs des habitants desd. deux églises de Carville et
« Longpaon, comme faisant le commencement du dixmage du
« bourg de desnestal, avons faict appeller lesd. partyes, par led.
« Coustel (1) ».

Si l'endroit désigné est bien celui où aboutit aujourd'hui la *Rue
de la Pannerert*, les limites de Rouen ont été, depuis cette époque,
reculées vers Carville assez considérablement. Le procès-verbal ne
dit pas, comment fut accueillie l'ambassade de l'archevêché. Mais
tout porte à croire, que l'appréhension des uns, les sombres pres-
sentiments des autres, donnaient, en ce moment, à chacune des
parties, une attitude anxieuse. En somme, malgré la chaleur acca-
blante d'une journée de juillet, on dut ressentir, à la *Pennerère*,
certaine fraîcheur, sinon un air tout à fait glacial.

Alors « sont compareus : Jean..., Anthoine et Charles Chefdeville,
« Pierre Dujardin, Pierre Levasseur et Symon Osmont thé-auriers
« et habitans de l'église de Longpaon, pour eux et les autres
« habitans dudict lieu, demandeurs en requeste, assistés de maistre

(1) Archives paroissiales.

« Jacques Hersent leur advocat et Robert Laribbe leur procureur,
« Mre André de la Mare prebtre curé dudit lieu de Carville assisté
« de Me Robert Belin son advocat et Me Thomas Levigneur son
« nottaire et procureur, Jacques Le Goix, Jean Arnoult, Charles
« Bertin, Pierre Choffart, Jean Vitecoq et Jean de Caux, pour eux
« et les autres paroissiens dudict Carville assistés de maistre Lau-
« rent Martel, advocat, leur conseiller et Symon de Gouberville leur
« procureur, deffendeurs de ladicte requeste empeschant ladicte
« division. » Et aussitôt les débats de s'ouvrir, et les advocats de
défendre la cause de leurs clients. Me Hersent demande la séparation des paroisses et paroissiens : « en considération des disputes
« et querelles qui naissent journellement entre eux, par la menée
« dudict curé et autres ses prédécesseurs... de l'estendue desdictes
« paroisses et nombre des paroissiens. Car audict district de
« Longpaon, il y a environ deux mille communiants, réduicts à
« neuf cents feux, et dans Carville, environ mille communiants
« réduits à quatre cents feux seulement (1). »

L'avocat de Carville rejeta la cause des désordres antérieurs, sur
« l'humeur réfractaire desdicts habitants de Longpaon, qui n'ont
« jamais voulu suivre les règlements, qui par cy devant auroient
« esté par nous donnez, tant sur le faict des processions qu'ordre
« de la célébration du service divin. Joinct que ce qu'en font
« lesdicts habitans de Longpaon est plustost par un esprit de
« division et par vanité de voulloir faire ériger leur église en
« paroisse et pour s'exempter de contribuer à la réédification du
« presbytaire et de la maistresse église de Sainct-Pierre de Carville.

« Mais Hersent advocat répondit au nom desdicts de Longpaon,
« que de temps immémorial, il y a eu séparation de territoire
« entre lesdictes églises à sçavoir : depuis la rue des Mellots tendant
« au moullin à bled du seigneur, appellé le moullin Chapperòn...

« Pour le cimetière, il est particulier, en chacune desdictes
« églises... Pour le presbytaire : il y a maison appartenant à ladicte
« église de Longpaon, où les curez précédents ont résidé. »

(1) Un siècle plus tard, on avait à constater, à Darnétal, un amoindrissement
notable de la population. Car le Pouillé de 1738 indique, pour Carville, 289 feux
et pour Longpaon, 700. Résultat probable des épidémies qui affligèrent plusieurs
fois Darnétal, au XVIIe siècle. « Durant la peste de 1635, quinze cadavres demeurèrent sans sépulture dans le cimetière. » (L'abbé Tougard — Arrond. de
Rouen, p. 206).

Cette dernière allégation fut tenue pour fausse par la partie adverse. D'ailleurs tout le débat ne fut qu'une série d'affirmations suivie de réfutations, avec accusation réciproque de fausseté et de mauvais vouloir.

Selon toute apparence, l'on était resté à la *Pennevère* et on y était même demeuré, un temps considérable, quand enfin on commença l'accession de lieu, par la visite de Saint-Pierre de Carville, et de ses sept chappelles autour du chœur. « Ce faict, nous nous « sommes acheminez dud. lieu de Carville pour voir l'église et « territoire de Longpaon. »

« Avant de parvenir auquel lieu, nous a esté monstré la maison « où demeure à présent led. curé; en laquelle pend por enseigne: « *L'Ange d'or* et par luy tenue à louage...

« Et d'auttant qu'il estoit près de deux heures après midy, nous « nous sommes retirés, por prendre nostre repas, en la maison « acceptée par lesd. parties, auxquelles nous avons ordonné de s'y « trouver à trois heures de relevée... »

A la reprise des débats, on rappela que: « accession avoit esté « faicte, en l'an mil six cents quinze, par Monseigneur l'Archevesque « lors coadjuteur de Monseigneur le Cardinal de Joyeuse. Durant « laquelle accession lesd. de Carville avoient accepté de faire « réédiffier leur presbitaire à leurs frais et despens, à condition « que lesd. de Longpaon feroient pareillement mettre en estat « deub (dû), la maison qu'ils appellent presbitaire dud. Longpaon, « pour en l'un des deux estre logé le curé à son choix et le vicaire « en l'autre. »

De ces prescriptions formelles, rien n'avait été exécuté.

« Et tost après, nous estans transportés en l'église dud Longpaon, « l'aurions trouvée d'une belle et ancienne stature, sans distinction « du chœur et de la nef sinon par la closture de la menuyserie qui « y est à présent, sur laquelle est posée l'image du crucifix. Le « tout lambrissé de boys avec enrichissement de paincture.

« Autour de laquelle église il y a unze chapelles voultées de « pierre de taille. »

On constate aussi la présence de chapelains pour célébrer le service divin des « confraryes qui sont au nombre de sept, à « sçavoir: sainct Ouen, patron de lad. église, sainct Jean-Baptiste, « le sainct Sépulchre, sainct Rocq, sainct Jacques, sainct Françoys « et sainct Blaise.

« Et sortis au cimetière, nous aurions veu iceluy clos de pierre,
« caillou et de bauge. »

Après la visite de l'église, vint la visite du territoire et principa-
lement des points limites. Il serait facile d'imaginer toutes les
raisons qu'on échangea, chemin faisant, pour et contre la division
des deux paroisses. Revenus, habitants, pertes et profits, tout fut
compté, discuté, affirmé et nié avec une rare énergie.

De la sorte, on avait suivi, en montant la rue « vulgairement
appelée la Grande Rue » aujourd'hui grande rue de Longpaon. Et
on redescendait « par la rue tendant du Moulin à then (tan, aujour-
« d'hui le haut de la rue du Chaperon) au pont de dernestal,
« lorsqu'on s'arrêta au moullin du Chapperon où l'on avait
« recongneu (reconnu) lad. rue des Mellots cy devant dénommée,
« montant à main droicte au chemin aux vaches. »

Ce moulin du Chaperon, ainsi nommé, probablement à cause
d'une enseigne qu'il portait, paraît avoir donné son nom à toute la
rue, séparée de la rue de Longpaon par la rivière.

Sur tout le parcours, le cortège qui représentait et défendait de
si graves intérêts, dut exciter grandement la curiosité des riverains
de Robec. Les plus avisés du pays suivirent les phases de la dis-
cussion, en saisissant çà et là quelques mots plus retentissants
que les autres, en examinant la physionomie des trésoriers. Et
naturellement on ne se gêna guère pour traduire ses impressions
en souhaits ou malédictions, selon que l'on prévoyait le succès des
uns ou des autres.

Et il en fut ainsi jusqu'au moulin du Chaperon. Là il fut dit aux
paroissiens de Longpaon : « Par où voulez-vous établir la prétendue
séparation « des deux paroisses ? — Par la dicte rue des Mellots et
« le chemin aux vaches, d'un costé. — Et d'autre costé, à gauche ? »
Pour réponse, les paroissiens de Longpaon, conduisirent le Promoteur et sa suite « dud. moullin du Chaperon, par une sente
« nommée la sente des *blastiers* tendante de là au *champ des*
« *marests*, demandant la division depuis le haut dud. chemin aux
« vaches, par la rue des Mellots et de là à droicte ligne, jusques au
« bord du boys de la Cavée sainct Jacques. »

Enfin il était « environ huict heures du soir » quand on se
sépara.

Grande journée que celle de l'accession de lieu ! Mais les habitants de Longpaon en gardèrent un précieux souvenir. Il leur

sembla qu'ils pouvaient dater leur indépendance de ce 12 juillet 1621.

Après les arrêts favorables de l'archevêché et du Parlement, après une visite si complète et des débats si concluants, on ne pouvait que rêver le succès. Ce dut être le rêve des trésoriers, lorsque au déclin de ce beau jour, ils prirent enfin un repos bien mérité.

Hélas! Ce n'était encore qu'un songe. Trente ans durant, on allait encore se heurter à des difficultés insurmontables. Car le titulaire de la cure de Carville et ses successeurs : Robert de Galantine en 1636, Laurent Roger en 1641, ayant suscité successivement de nouvelles chicanes pour empêcher le démembrement projeté, il fallut plaider de nouveau; l'on plaida si longtemps, que les habitants de Longpaon ne purent avoir gain de cause que, l'an 1655 ou environ.

Une chose digne de remarque, c'est que les paroissiens de Longpaon, pendant cette période d'une ardeur vraiment extraordinaire, embellirent leur église par tous les moyens en leur pouvoir.

Ils ornèrent d'abord le berceau de la grande nef et y placèrent des inscriptions en lettres romaines noires sur une bande blanche peinte, au sommet du revêtement, en bardeaux. Cette bande était encadrée d'un filet rouge. Ainsi on pouvait lire :

CELVY QVI A FAICT PAINDRE CECY
IL PRIE LES GENS DE BIEN DE PRIER DIEV
PÓVR LVY

Et plus loin :

CE RESTE DE LAMBRIS A ETE FAICT
PAR ORDRE DES DENIERS PROVENVS DE LA DEVOTION (1)
DES TRESORIERS ET PAROISSIENS
DE CETTE PAROISSE DE SAINCT OVEN DE LONGPAON
EN L'AN MIL SIX CENT DIX NEVF

(1) Sorte de confrérie « de la *Messe de Dévotion* » qui se célébrait, tous les jours, à cinq heures en été et à six heures en hiver.

A cette même époque remonte le remarquable confessionnal de chêne, aujourd'hui placé dans la chapelle de la Sainte-Vierge. Fut-il tout d'abord destiné à notre église? Nous l'ignorons, nous en doutons même; car l'inventaire de 1621 ne mentionne point de confessionnal. D'où sera-t-il venu? par qui aura-t-il été donné? Mystère! Toujours est-il que selon l'avis d'archéologues éminents, cette œuvre d'art aux moulures si délicates, aux sculptures si riches, avec ses deux jolies colonnes, date, à n'en pas douter, du commencement du XVIIe siècle, probablement de l'avènement de Louis XIII, c'est-à-dire de l'année 1610.

Il faut que son emplacement, peu accessible au visiteur et faiblement éclairé ait échappé au regard scrutateur de l'abbé Cochet; ce dernier écrivait, en décembre 1869, à M. l'abbé Barraud, auteur d'une notice sur les confessionnaux : « J'ai visité toutes les églises du diocèse de Rouen et « je ne crois pas y avoir jamais rencontré « un confessionnal du temps de Louis XIII. J'en ai vu beaucoup « du XVIIIe siècle, mais ceux du XVIIe sont d'une rareté extrême, si « même il en existe. »

En 1633, fut placé le plancher qui reçut le buffet d'orgues, en 1646.

Les grandes et solides portes latérales sont dues aussi aux libéralités de généreux paroissiens.

On lit encore, sur la porte du côté nord, vantail de gauche; *Ceste porte a été donnée par Jehannel maistre élu thésaurier, en la paroisse de Longpaon, en l'an 1627. Et sur la porte du côté sud : Ceste porte a été donnée par Masse (Marc)? Houdouard en 1727 (vantail de gauche). Ceste porte a été donnée par Jehan Lerasseur en 1648 (vantail de droite).*

Telle était l'église que les habitants de Longpaon avaient relevée, défendue et enrichie, quand ils eurent la joie d'y voir installer leur premier curé, Mre Jean Pouchet.

Enfin ils donnaient un éclatant démenti à la prophétie de Jean de Caulx, trésorier de Saint-Pierre de Carville, en 1618. Ce dernier, de son état marchand épicier, cirier, était devenu poète et avait écrit, sur son beau registre des recettes et dépenses :

> Mais pourquoy font-ils la guerre
> A la pauvre église Sainct Pierre?
> Encores par le moyen de la justice,
> Luy sera gardé son droict propice. (1)

(1) Archives paroissiales.

« Le 30 décembre 1693, avait été inhumé le corps de noble homme maître Nicolas Morin, prêtre, curé de cette paroisse, décédé la veille. » C'était le second curé de la nouvelle paroisse de Longpaon.

Il aima ses paroissiens et en fut aimé. Ainsi l'établit avec évidence un procès qui commença peu de temps après sa mort. Oui encore un procès ! Il faut reconnaître que, soit par nécessité, soit par goût, le peuple de Longpaon ne reculait pas devant la perspective de procès à soutenir. On va le voir.

Les trésoriers n'osèrent-ils pas, en 1695, intenter une action contre « maistre Pierre Longuet, prestre, docteur de Sorbonne, « chanoine, archidiacre et grand vicaire de monsieur l'archevesque « de Rouen » qui n'exécutait pas, à leur gré, les dernières volontés du feu curé dont il était le légataire.

L'issue du procès nous est restée inconnue. Mais ce qui ressort nettement des démarches préliminaires, c'est que si l'on prétendait posséder le curé, sans partage, pendant sa vie, on ne voulait pas moins recueillir ses deniers, après sa mort, pour la paroisse seulement. On ne souffrait guère de concurrence, si légitime qu'elle parût. On n'admettait pas que le bon curé eût passé vingt années à Longpaon et pût encore songer à d'autres qu'à ses paroissiens.

Des intentions qu'il avait manifestées verbalement, n'avaient point été écrites; elles étaient probablement dénaturées et exagérées par les intéressés et l'on plaida !

Cet esprit progressif des braves gens de Longpaon, leur aurait valu, selon M. Lesguilliez (1), d'entendre appeler leur paroisse : *la terre maudite*. On le conçoit bien facilement, ce ne furent point les paroissiens qui se délivrèrent cet affreux qualificatif de leur invincible obstination. L'invention doit en être imputée à des voisins, qui, probablement avaient gardé quelque mauvais souvenir des paroissiens de Longpaon. De toutes les singulières explications apportées à la signification de ce nom peu flatteur, celle-ci est la seule vraisemblable, ou même la seule vraie.

Ce XVIIe siècle qui finissait ici comme il avait commencé, pouvait bien s'appeler le grand siècle des deux paroisses de Darnétal.

(1) *Lettre-Notice*, p. 104.

V

Fondations d'Ecoles chrétiennes dans les deux Paroisses, au XVIIe siècle.

OTRE fin du XIXe siècle a vu s'élever d'innombrables écoles, d'importants groupes scolaires, pour faciliter et répandre partout l'instruction dans les rangs des enfants du peuple. Et cette instruction rendue facile au point de pouvoir devenir obligatoire, on se vante surtout de la donner pour rien, c'est-à-dire de la faire payer par tout le monde. L'école gratuite, c'est la merveille que l'on croirait, à entendre ses auteurs, éclose tout fraîchement. Et que de braves gens en sont ravis, éblouis. Mais ce n'est tout simplement qu'une imitation, avec la charité en moins, de ce qui se passait un peu partout en France, et particulièrement dans notre contrée, il y a deux cents ans. A cette époque, la charité chrétienne, inspirée par le seul amour de Dieu et des âmes, sans demander l'appoint d'aucun impôt public, eut pitié des enfants du peuple et voulut leur assurer les bienfaits de l'instruction.

Seulement, dans ce temps-là, comme on voulait instruire surtout des enfants ayant une âme à sauver, on ne se demandait pas si l'instruction serait laïque ou congréganiste ; elle était tout simplement et tout naturellement chrétienne, inspirée et donnée par des sentiments de religion. Cet élan merveilleux, généreux pour le bien des âmes, fit éclater des prodiges de charité qui suffiraient à faire l'honneur d'un temps et d'un pays.

C'est Mme de Maillefer, morte à Rouen en soignant les malades de la terrible année 1683, et dont le nom est demeuré en bénédiction qui, avec le P. Barré, s'intéressa d'abord aux enfants de Darnétal. « Comme Mme de Maillefer était de toutes les bonnes « œuvres, elle fut des premières à seconder le zèle du R. P. Barré, « dans l'établissement des écoles chrétiennes.

« Elle en fonda une pour les filles, à Darnétal, gros bourg « presque aux portes de Rouen, très marchand et très peuplé, à

« cause des manufactures qui y sont établies. C'est le succès de
« cette école qui donna lieu à d'autres semblables pour les filles,
« et naissance à l'établissement des écoles pour les garçons...

« Quand elle allait à Darnétal voir l'école qu'elle y avait établie,
« son zèle la menait de maison en maison pour exhorter les pères
« et les mères d'envoyer leurs enfants à la classe (1) ».

Par fondation, il faut entendre la maison qu'elle avait
destinée à cet usage en la donnant à la Fabrique de Longpaon, le
21 juillet 1691. « Laquelle maison et jardin a esté donnée et
« aumônée par le sieur Ponce Mailleter, conjointement avec
« demoiselle Jeanne Dubois, sa mère, en faveur des écolles
« gratuites *des pauvres filles du dit bourg de Dernétal* (2). »

Les Sœurs du P. Barré (Sœurs de la Providence), avaient été
fondées à Longpaon, par Alphonse de Châlons, chanoine de
Rouen. (3)

Le 20 mai 1695 « Messire Alphonse de Châlons, p^bre chanoine de
l'Église Cathédrale primatiale de Rouen, y demeurant, rue aux
Ours, paroisse de Sainct-Cande-le-Jeune » ratifie et complète une
donation des 17 janvier 1687 et 18 février 1688 pour fonder « deux
écolles pour enseigner gratuittement sçavoir... les pauvres filles du
bourg de Dernétal et les pauvres garçons de la paroisse de Sainct-
Sever-lès-Rouen... La maistresse d'école devait recevoir de la
Fabrique 150 livres « à prendre sur l'hôpital général *ou des pauvres
Valides* (4).

Elle devait en plus recevoir « 25 livres de rente foncière et
irraquittable à prendre et recevoir sur l'Hostel-Dieu de la Made-
laine (5). »

Le même hostel-Dieu devait donner annellement 25 livres au
trésor de l'église de Longpaon, afin de faire acquitter la fondation
de M. de Châlons qui avait voulu s'assurer ici des prières pour le
repos de son âme et de l'âme « de noble homme François le Breton,
sieur de la Hague... et ce pour la bonne amitié que ledit sieur
fondateur avait pour luy. »

(1) *Vie du V. de la Salle*, par J.-B. Blain, pages 64 et 68 (1733).
(2) Archives paroissiales, L. 20.
(3) *Vie du Vénérable de la Salle*, par le F. Lucard, I. 182.
(4) Archives départementales, G. 6219.
(5) Archives paroissiales, L. 20.

Le curé de Longpaon devait surveiller la tenue de l'école et fixer les jours de vacances.

Selon Lesguilliez, l'école fondée en 1687 comptait déjà cent cinquante écolières, dès l'année 1697. Elle fut confiée dans les premières années du xviii° siècle, aux Sœurs d'Ernemont qui, jusqu'à la Révolution et depuis jusqu'en 1848 ou environ, occupèrent la maison donnée par Madame de Maillefer et portant aujourd'hui le n° 66 de la rue de Longpaon.

Une fondation pour une Sœur à Carville, fut faite en 1736. (1)

Voilà pour l'instruction des filles. « Les garçons n'avaient pas « été oubliés par la clairvoyante charité des bienfaiteurs de « l'enfance à Darnétal...

« Le Cornu, Seigneur de Bimorel payait depuis longtemps le « loyer et le traitement d'un instituteur, lorsque le 24 mai 1670, il « donna aux Trésors des deux paroisses de Darnétal, une maison « sise auprès de l'église de Longpaon; elle devait servir à loger le « maître d'école. Cette donation fut acceptée pour les deux « paroisses, par M. Nyel, gouverneur des enfants du Bureau des « Valides établi à Rouen et fondé de la procuration spéciale des « Curés et Trésoriers de Longpaon et de Carville.

« A la mort de Lecornu, l'instituteur resta sans traitement; les « membres de la congrégation établie au collège des Jésuites de « Rouen offrirent pour lui, au curé de Longpaon une pension « annuelle de cent cinquante livres, à condition qu'ils auraient le « droit de le désigner eux-mêmes; leur choix tomba sur Jean « Houdoul un des frères de la société de M. Nyel. Cet instituteur « dirigea l'école de Darnétal jusqu'à sa mort, en 1704.

« Parmi les congréganistes (de Rouen) se trouvait alors l'abbé « des Hayes, l'un des condisciples du V. de la Salle, à S. Sulpice. « Je vous engage, dit-il à ses confrères d'appeler à la direction de « notre école de charité, les maîtres formés par M. de la Salle : ce « sont des instituteurs vertueux, instruits, dévoués et très « méthodiques...

(1) Les Sœurs d'Ernemont rappelées à Darnétal après la Révolution, ont vu leurs écoles laïcisées : à Carville, en 1879 et à Longpaon, le 15 avril 1882. Au lendemain de cette seconde laïcisation, M. l'abbé David convoqua au presbytère les principaux habitants de Darnétal, avec l'aide desquels il fonda, rue du Chaperon « l'école libre de filles de Darnétal » toujours dirigée par les Sœurs d'Ernemont.

« La ville de Darnétal se recommandait d'elle-même à leur zèle.
« Placée au centre d'une population intelligente, laborieuse et
« industrielle, elle leur promettait un champ fécond et varié. Sa
« proximité de Rouen, pouvait d'ailleurs les faire appeler à com-
« pléter le bien commencé par M. Nyel, dans cette grande cité. (1)

« Le sage supérieur (de V. de la Salle) envoya un frère à Darnétal,
« afin de voir si le lieu convenait à un établissement et afin de
« prendre des mesures avec M. Deshayes, pour préparer la maison
« et tenir toutes choses prêtes. Cela fait, le Vénérable de la Salle,
« après avoir demandé l'agrément de Monseigneur l'archevêque de
« Rouen, envoya, vers le commencement de février 1705, deux
« Frères qui virent leur école se remplir d'écoliers dès qu'elle fut
« ouverte et la bénédiction du Seigneur y entrer avec eux. En
« moins de deux mois, les fruits parurent avec plus d'abondance
« que partout ailleurs. L'éclat de la nouvelle école retentit aussitôt
« dans Rouen ; le zèle de quelques gens de bien en fut éveillé et
« ils envièrent pour la ville, l'avantage du grand et riche village qui
« en est voisin. (2)

« L'ancienne école des Frères n'existe plus. Elle était située, rue
« de Longpaon, vis-à-vis de l'école communale (actuelle) des
« garçons. On y a établi la pompe à feu d'une filature dont l'éta-
« blissement porte le numéro 28 (3). »

Les deux Frères de Longpaon furent les premiers que reçut le
Diocèse de Rouen.

Lesguilliez dans la Notice de 1835, s'était montré plus que dur
envers l'Institut des Frères et leur fondateur. Mais, trente ans plus
tard, il ne craint pas d'écrire ceci : « Chercher, dès cette époque, à
« répandre gratuitement l'instruction primaire parmi les classes
« peu aisées de la société, c'était devancer son siècle, faire preuve
« d'un esprit éclairé, se montrer l'ennemi de l'ignorance dans
« laquelle on laissait alors croupir la population ouvrière des villes ;
« c'était donner aussi un grand exemple de charité chrétienne, car
« la charité ne consiste pas toujours à faire l'aumône, mais à
« prouver aussi son amour pour son prochain, en contribuant
« autant que possible au développement de son intelligence, en

(1) F. Lucard. I, 182-185.
(2) Blain, p. 546.
(3) Lesguilliez, Lettre-Notice.

« faisant tout ce que l'on peut faire, pour assurer son bonheur
« sur la terre. Instruire donc et moraliser ces enfants du peuple,
« tel a été le but de ce digne ecclésiastique ; c'était attacher son
« nom à une bonne œuvre, c'était prendre place parmi les bienfai-
« teurs de l'humanité. Les Frères ont suivi le progrès et ils peuvent
« lutter avec avantage pour l'enseignement primaire, avec les
« meilleurs instituteurs laïques : c'est une justice que l'on doit leur
« rendre (1). »

Quoique bien modique, la pension allouée aux Frères ne put
être payée régulièrement. Ce fut peut-être la faute du curé de
Longpaon, M⁓ Nicolas Le Trene. (2)

Il était révolté contre la Constitution *Unigenitus* : c'était un
Appelant (3), c'est-à-dire qu'il était un de ceux qui en appelaient
de la Bulle *Unigenitus* de Clément XI (1713) à un Concile général.
Cette Bulle condamnait un livre janséniste de Quesnel : *Réflexions
morales*.

Mais son successeur s'attacha à aider l'œuvre des Frères : « Cette
« école subsiste encore aujourd'hui (1733), quoiqu'elle n'ait que
« 75 livres de rente (4). Elle est aussi florissante et aussi peuplée
« qu'elle l'était dans les commencements. On sentit, à Rouen, les
« avantages et la nécessité d'un pareil secours pour la jeunesse
« pauvre, et on se pressa de le lui procurer. (5)

« La paroisse de Longpaon avait été plus favorisée que celle
« de Carville, puisqu'avant l'arrivée des Frères à Darnétal, elle
« possédait déjà une école gratuite pour les garçons, tandis que
« celle-ci n'en avait pas. Ce n'est même qu'en 1742, que, sur la
« demande de l'abbé Thomas Thinel, curé de la paroisse, deux

(1) Lesguilliez, *Lettre-Notice.*
(2) *Arch. dép.*, G. 6146, 26 février 1694.
(3) Blain, p. 547.
(4) « Le 5 août 1733, le sieur Pierre Fiquet, le père, marchand, demeurant au
bourg de Darnétal, paroisse Saint-Ouen de Longpaon, considérant l'utilité qu'il
y a d'entretenir, dans ladite paroisse, des maîtres d'écolles des garçons d'icelle, »
verse au Trésor 600 livres, dont 100 livres pour acquitter « les droits d'amor-
tissement et le coust du contract de la donation, et 500 livres pour être placées
« en achapt de bien ou en rente. » Jacques Huault, maître plâtrier de Longpaon,
demanda les 500 livres, à charge de 25 livres de rente, que son fils remboursa
le 13 avril 1750. (Archives paroissiales, L. 8.)
(5) Blain, p. 547.

« Frères des Ecoles chrétiennes vinrent tenir les écoles à Carville.
« Cette nouvelle école avait été fondée par M. Pierre Nasse,
« originaire de Longpaon, curé de la paroisse de Neuville-
« Ferrières, au doyenné de Neufchâtel, où il mourut en 1763. Le
« fondateur ayant versé en deux fois la somme de 5,000 livres,
« aux mains du Supérieur général de l'Institut de Rouen, celui-ci
« s'engagea d'envoyer à Darnétal deux nouveaux Frères, pour
« tenir à perpétuité une école gratuite charitable, sur la paroisse
« de Saint-Pierre de Carville... Ces deux Frères logeaient avec
« ceux de Longpaon; mais, chaque jour, ils venaient faire leurs
« classes à Carville. Leur école avait été construite dans le
« cimetière même de la paroisse, à droite de la tour, sur la rue
« Saint-Pierre... D'après la volonté expresse de l'abbé Nasse, les
« enfants de la paroisse de Saint-Léger du Bourg-Denis avaient le
« droit d'y être admis et instruits gratuitement comme ceux de
« Carville (1). »

Le nom de l'abbé Nasse, bienfaiteur insigne de son pays,
mérite, rien qu'à ce titre, d'être conservé dans l'histoire locale.
Son acte de baptême est, comme tous alors, rédigé en peu de mots :
« Le 11 may (1696) a esté baptisé, par M. le Curé, un fils né du
« jour d'hier, à Pierre Nasse et Marie Thinel, ses père et mère.
« Lequel a esté nommé Pierre par Jacques et Catherine Thinel. »
C'était le premier enfant du mariage qui s'était célébré, à
Longpaon, le 18 avril 1695. Il dut être un des premiers élèves
confiés aux Frères, et, plus tard, il voulut procurer à ses voisins
d'enfance les bienfaits de l'éducation qu'il avait reçue à sa source
première.

Si sa vie fut charitable, sa mort fut digne d'une belle vie; car il
est aussi touchant qu'édifiant de lire l'acte de son décès : « Le
« douze avril 1763, est décédé en odeur de sainteté, et inhumé, le
« treize, dans le chœur de cette église (Neuville), par monsieur
« Dubois, curé de N.-D. et doyen du doyenné de Neufchâtel,
« discrète personne maître Pierre Nasse, prêtre de cette paroisse,
« muni de tous les sacrements de l'Eglise, âgé d'environ soixante
« et sept ans. »

Les Frères, obligés de disparaître en 1792, furent rappelés par
M. Lefebvre, doyen de Darnétal, en 1847, époque où MM. Dominique

(1) Lesguilliez, *Lettre-Notice*.

Mouchel et Paul Ansoult fondèrent le nouvel établissement, situé rue Saint-Pierre, à quelques pas de l'église de Carville. (1)

(1) « M. Mouchel, décédé à Darnétal, le 28 juin 1849, à l'âge de 73 ans, a été maire de cette ville, 1819 1829. M. Ansoult, décédé le 10 mai 1861, était un saint homme, dans toute l'acception du mot. A sa mort, les pauvres surtout ont fait une grande perte. » Lesguilliez, *Lettre-Notice*.

VI

Pendant la Révolution

§ I

RACONTER les déprédations et les mutilations dont les églises furent l'objet pendant dix lugubres années de révolution, c'est raconter les angoisses et les malheurs du peuple chrétien dont les églises étaient la gloire, la consolation et la vie. Laissons nos monuments religieux nous rappeler l'époque dont ils furent les témoins et les victimes, l'époque qui fut le fléau de Dieu. Puisons à même les documents qui abondent, malgré la tristesse et la répugnance que nous inspirent des horreurs hélas! trop vraies si elles ne sont pas toujours vraisemblables.

Comme la Révolution livrait la guerre et une guerre à mort aux pratiques religieuses, elle commença par étouffer la voix même de la religion, on fit taire nos cloches sous un spécieux prétexte de patriotisme : on disait les cloches bonnes à faire des canons pour défendre la patrie en danger. On a pourtant établi que le métal des cloches destiné à être sonore, ne pouvait devenir assez résistant pour former de solides âmes de canon. A-t-il été fait même quelques pièces d'artillerie avec l'airain dérobé à nos clochers? Nous laissons la réponse à ceux qui ont autorité pour se prononcer.

A Darnétal, le 5 septembre 1793, l'Assemblée municipale délibérant sur l'enlèvement à faire des cloches des deux paroisses de ce bourg ordonné par la loi du 23 juillet dernier pour être fondues en canons « arrête qu'il sera descendu dans le plus bref délai et de « la manière la moins dispendieuse, les trois plus petites cloches « de la tour de Carville et du clocher de Longpaon. » Ce fut le citoyen Louis Lanelle qui fut chargé de la sinistre opération; il promit de commencer le lendemain. Voilà donc descendues les six cloches demandées; mais on avait oublié les cordes! Aussi le

21 germinal, sur un ordre du district de Rouen, on fit enlever toutes les cordes servant aux sonneries des cloches descendues, soi-disant pour les mettre à la disposition du Ministre de la Marine. Chaque clocher ne conservait donc plus que sa grosse cloche. C'était encore trop, paraît-il. Et le 19 vendémiaire, an III, par ordre du district toujours « de fournir une des deux cloches restant dans « cette commune pour être fondue en canon, il est arrêté que dans « le plus bref délai, il sera préposé des ouvriers pour descendre la « cloche de la section de Carville, avec toutes ses ferrures, cordes « et ustensiles. » La grosse cloche de Longpaon échappa donc « seule à la destruction. Elle comptait déjà plus de deux cents ans passés dans son clocher. Peut-être y fut-elle placée dès la construction de la tour. Elle y est encore. Mais une cloche ne dure pas si longtemps sans passer par mille autres accidents ou incidents que l'on nous permettra de raconter, car c'est une sorte de relique que la vieille cloche de Darnétal. Dès l'année 1580, elle présidait en reine aux carillons des fêtes de Longpaon. Car à cette époque elle fut refondue aux frais de la « Confrairie ou Charité de Sainct-Ouen. » Elle pesait, avant la refonte : 2,754 livres, et après 2,640. En 1636, elle fut encore refondue, mais avec augmentation de son poids. Elle eut alors pour parrain « noble homme Nicolas Pouchet, ancien conseiller et premier eschevin de la ville de Rouen, et pour marraine, damoiselle Jeanne Igou, femme de noble homme François Verneuil, bailli Vicomtal de la haute justice du Vivier. »

Parmi les « sept confrairyes » de Longpaon, celle qui jouissait de la plus grande notoriété et peut-être de la plus haute antiquité, était érigée en l'honneur du Patron de la paroisse. C'était la Confrérie « de Sainct-Ouen. » Or les Confrères de Sainct-Ouen (1) convaincus de l'importance de leur Confrérie, ne s'avisèrent-ils pas

---

(1) La Charité de Saint-Ouen fut-elle richement dotée ? Nous l'ignorons. Nous savons seulement que la Fabrique, après la Révolution entra, vu le décret du 7 thermidor an XI, en possession de biens ayant appartenu « à la ci-devant Confrairie de Saint-Ouen » et non aliénés. C'étaient quatre maisons tout proche l'église, démolies en 1862 et une rente de 4 livres, remboursée à la Fabrique le 18 mai 1835. Cette rente est sans doute celle de même valeur fondée le 22 mars 1585 lorsque « les maistres de la Confrairie et Charité Monsieur Saint-Ouen de « Longpaon... confessent avoir baillé, quitté et délaissé à rente et fieffe à fin « d'héritage à honorable homme Robert de Cailly, marchand tainturier, une « portion de terrain et hérittage » près de là.

de se poser en rivaux sinon en ennemis des trésoriers et de s'attribuer en particulier la propriété de « la grosse cloche. »

Le 20 octobre 1713, fut produit « un extrait des statuts et registres « de la Charité et Confrairie de Saint-Ouen de Longpaon » pour établir que ladite Confrairie était propriétaire de la grosse cloche.

De là à intenter un procès, il n'y avait qu'un pas et l'on devine qu'une si bonne occasion de plaider n'était pas faite pour déplaire à nos confrères de Saint-Ouen. Et au mois de février suivant, « les maistres de la Confrérie de Saint-Ouen de Longpaon » intentèrent une action contre les trésoriers, pour ressaisir la prétendue propriété de la cloche.

Toutefois ce fut sans succès. « Pour les empescher de chicaner, « répondirent les trésoriers, il n'y a qu'à lire cet article tiré des « Mises du Trésort, année 1651. Il porte : paié à Marin Lambert, « maistre serrurier, pour avoir refait les roues et rouets et autres « plusieurs pièces dépendantes de l'horloge et faire frapper sur la « grosse cloche : 105 livres... Cet article montre que led. trésor « dispose de cette cloche comme les autres, puisqu'il fait fraper « son orloge dessus, quand il luy plait et sans en demander congé « à personne.

« Les demandeurs font un crime au trésorier d'avoir fait racco- « moder la lanière de la ditte cloche, le jour qu'ils devaient faire « dire, à Longpaon, une messe de Saint-Adrien (ce qui empêcha de « sonner la grosse cloche !) Mais il n'a point de comptes à leur « rendre, dans l'exercice de sa charge : il faut prévenir les malheurs « et s'y la lanière venant à rompre, le marteau était tombé sur la « teste de quelqu'un des frères, ils auroient eu bien plus sujet de « se plaindre de sa négligeance. Après tout, ils pourroient aller à « *la Roche du Béquet* (1) la faire dire, ils n'auroient fait que leur « devoir, selon leurs statuts. » On s'appuya même sur l'autorité du Concile provincial de Rouen tenu sous Monsieur le Cardinal de Bourbon en 1581.

Et il fut reconnu et prononcé que la grosse cloche ainsi que ses trois plus petites sœurs étaient bel et bien sous la dépendance des seuls curés et trésoriers.

---

(1) Le Becquet : paroisse supprimée réunie à Belbeuf. La Roche : chapelle Saint-Adrien taillée dans la roche, au pied de la côte, près de la Seine. (Voir l'abbé Tougard, *Arrond. de Rouen*, pages 101 et 104).

A quelques années de là, ce ne furent plus les Confrères, mais à peu près tous les paroissiens qui s'arrogèrent des droits étranges, sur toutes les cloches sans exception. Le Prétoire de Darnétal dut en connaître et rendit le 17 février 1725, un arrêté réglant la manière de sonner et la durée de « chaque reprise ou annelée. » Il n'était que temps, car « depuis peu, deux particuliers avaient arraché la clef de la porte de la tour au sonneur, avec telle violence qu'ils auroient pensé lui rompre la main, dont il avoit esté incommodé. »

Au siècle suivant, elle fut victime d'un accident. Car « le « 28 avril 1788, elle fut confiée pesant 2,762 livres, à Jacques Gillot, « pour être refondue. Bientôt elle réparut pesant 2,997 livres; le « 29 mai de la même année, elle fut bénite par le curé de la paroisse « et nommée *Louise-Ambroisine* par Messire Louis-Jean-Baptiste- « Antoine Colbert, marquis de Seignelay et de Blainville, Seigneur « de Darnétal et de cette paroisse, maréchal des camps et armées « du Roy et Madame Louise Périne d'Amphernet de Pont Bellanger, « épouse de M. Colbert, marquis de Chabannois, maréchal des « camps et armées du Roy, représentés par M. Jean-Baptiste « Carmer de Saint-Saire, écuyer, et par Mme Marie-Elisabeth- « Michel Rostacke, épouse de M. Desyé, seigneur de Bello- « sannes (1). »

Colbert, marquis de Seignelay, était un descendant de Jean-Baptiste Colbert, marquis de Seignelay, qui, par suite d'un échange fait avec la maison de Vendôme, le 31 septembre 1686, avait fait passer dans sa famille la haute justice et baronnie du Vivier, les fiefs de Longpaon et de la Geôle (2). Ce dernier était fils du grand Colbert, ministre de Louis XIV, et n'eut qu'un frère, Mgr Colbert, archevêque de Rouen.

Épargnée par la Révolution, *Louise-Ambroisine* dut, sans doute, tinter et sonner souvent, pour des évènements bien imprévus lors de son baptême.

Voulut-on même la réduire à un complet silence, après lui avoir accordé une grâce simulée? C'est ce qu'on peut se demander en voyant que, après la Révolution, le 28 vendémiaire an XIII, il venait d'être payé 14 livres pour réparation de la cloche, et 141 livres pour un marteau de cloche. »

(1) Archives municipales.
(2) Lesguilliez, 1855 (p. 143).

Après un nouveau malheur, elle fut remise entre les mains des fondeurs, en 1834. Le 25 novembre, avec le poids de 2,880 livres, elle reprit possession de son antique beffroi. Voici ce qu'elle nous raconte elle-même : « *L'an de J.-C. 1834, j'ai été refondue par la paroisse de Longpaon-Darnétal, par le moyen d'une souscription volontaire et de fonds votés par le Conseil municipal, et j'ai été bénite par Mre Frédéric Le Maignan, curé de cette paroisse, et nommée Marie par M. Gabriel Ansoult et Désirée Ansoult, veuve de Victor Hue, sous l'administration de MM. Guillaume Tinel, Benjamin Coissin, Jacques Mouchard, Victor Ansoult, Ambroise Delacour, trésoriers de la dite paroisse. MM. Cuveller, maire; Claumesnil et Hauvel, adjoints; Julien Caplain, fondeur, à Elbeuf.* »

Louise-Ambroisine, maintenant *Marie*, nous charme de ses vibrations vraiment bien harmonieuses; mais elle redit toujours, avec une plaintive mélancolie : « *Plus de sœurs!* »

§ II

Quant aux églises, elles eurent beaucoup à souffrir.

Qu'on en juge par cette scène de fureur, ou plutôt de délire, que nous reproduisons, en conservant l'orthographe, aussi révolutionnaire que le reste : « Cejourd'hui 13 pluviôse, IIe année
« républicaine, nous (l'assemblée municipale) avons arrêté que,
« dans le plus bref délay, les fleurs de lis, attributs et vestiges de
« l'ancien régime existants sur les églises de cette commune
« seront anéantis, et que le bonnet de la liberté sera placé sur le
« coq du cloché de Longpaon, et qu'en mémoire du tout, il sera
« célébré, le jour de la décade prochaine, une feste civique, ainsy
« qu'en mémoire de la destruction des tirans, dont l'anniversaire
« a eu lieu à Paris et à Rouen...

« Les corps administratifs et judiciaires seront invités à cette feste civique, ainsy que les instituteurs d'écoles et les élèves... »

Bientôt, la Société populaire tint ses réunions dans l'église de Carville, mais non sans une énergique résistance de la part des habitants et de leurs magistrats principaux, dit M. Bouquet.

« Un arrêté du Conseil général du district de Rouen en date du 13 pluviôse, an II (1er février 1794) avait ordonné que l'église de

Carville serait ouverte à la Société populaire de Darnétal. Mais le 21 pluviôse suivant (9 février) le Conseil général de cette commune avait pris un arrêté par lequel l'assemblée générale des citoyens était convoquée comme peuple souverain à l'effet d'avoir son avis sur le point de savoir si l'église de Carville sera ouverte à la Société populaire pour y être installée et y tenir ses séances. Cette assemblée devait avoir lieu le 22 pluviôse (10 février) et pour prévenir l'effet de ses délibérations, la société populaire de Darnétal avait saisi du fait le conseil général du district de Rouen.

« Après avoir entendu les officiers municipaux de la commune de Darnétal, un membre de la société populaire dans ses observations, l'agent national de la dite commune et le citoyen faisant les fonctions d'agent national près le district, le conseil du district : considérant que les assemblées primaires ne doivent plus avoir lieu d'après la loi sur le gouvernement révolutionnaire ; que conséquemment la délibération du conseil général de la commune de Dernétal est une infraction à cette loi salutaire et que la conduite de cette commune est d'autant plus coupable qu'elle est diamétralement opposée à l'arrêté du 13 pluviôse qui ordonnait l'ouverture de l'église de Carville en faveur de la société populaire et qu'elle manifeste une résistance formelle à cet arrêté, etc..., casse et annule la délibération du conseil général de la commune de Dernétal du 21 pluviôse.

« Mais ce qui montre toute l'irritation qu'avait causée à l'administration du district la résistance de la commune de 'ernétal, c'est la résolution : de dénoncer sa conduite au terrible co...é du salut public... Mesure redoutable quand on songe qu'on était au fort de la Terreur et que, généralement, la peine décrétée était la mort (1). »

Le lendemain 23 pluviôse an II (11 février 1794), les officiers municipaux de Darnétal se présentèrent devant le district de Rouen. On cédait enfin à la crainte. Pour désarmer le courroux de cette redoutable Cour, nos officiers municipaux « commencent par déposer sur le bureau quelques vases et chandeliers d'argent avec des chapes et autres ornements, restes impurs du fanatisme qu'ils ont retrouvés dans les armoires où il paraît qu'on avait eu l'intention de les soustraire ; ils annoncent qu'ils vont faire de nouvelles

(1) *Tour de Carville.*

recherches et ils se flattent qu'elles ne seront pas infructueuses ; le conseil applaudit à leur zèle... » Enfin la Terreur triomphait, et dans le courant de février 1794, la Société populaire commença à tenir ses séances dans l'église de Carville. On peut se représenter facilement ce que furent les réunions de révolutionnaires forts de l'appui des violents et du découragement des opprimés. Et ce fut une sorte de soulagement pour les âmes chrétiennes, d'apprendre un peu plus tard, la fermeture complète de l'église. Mieux valait encore le silence glacial que le tumulte et les profanations dans le temple saint.

A Longpaon, la Révolution vint aussi piller et dévaster l'église qui connut les horreurs de l'abomination et de la désolation.

Ainsi « à la séance publique du district de Rouen, 26 pluviôse, « an II (14 février 1794), la commune de Darnétal dépose à son « tour, sur l'autel de la patrie, un ciboire et un calice avec sa « patène retrouvés dans une armoire de l'église de Longpaon, et « dont l'hommage à la patrie ajoute à ceux que la commune de « Darnétal a déjà faits (1). »

Enfin l'église eut surtout à souffrir de l'étrange destination qu'elle reçut en 1794 : « On avait informé le district de Rouen que « la commune de Darnétal était sans emplacement, pour établir « son atelier de salpêtre, *à moins qu'on ne lui accordât l'autori-* « *sation de le placer, dans la ci-devant église de Longpaon qui* « *offrait toutes les ressources que l'on pouvait désirer à cet* « *égard.* Dans la séance publique du 12 germinal, an II « (1er avril 1794), le district de Rouen lui accorda sa demande et « aussitôt on se mit à l'œuvre. Une partie du mobilier servant aux « séances de la société populaire installée dans l'église de Carville, « venait de l'église de Longpaon. Les bancs et planches que ren- « fermait cette dernière, furent accordés à la société populaire, par « le district de Rouen, le 21 germinal, an II (10 avril 1794), sur la « demande faite en son nom, par deux de ses membres (2). »

L'atelier fut ainsi moins encombré et permit plus facilement la fabrication du salpêtre, pendant une année environ. Car le 28 prairial, an III, la population fatiguée du culte de la Raison et

---

(1) Bulletin des séances des corps administratifs et de la société populaire de Rouen n° 25. 28 pluviôse, an II.

(2) Ibid.

de l'Être-Suprême, demanda la réouverture des deux églises « pour
« y exercer le culte catholique. » « L'ouverture de l'église de
« Longpaon seule fut accordée provisoirement, et on délibéra que
« les objets étant dans la dite église de Longpaon et qui avaient
« servi à la fabrication du salpêtre, comme appartenant à la com-
« mune, seraient vendus, duody prochain... »

Les citoyens de l'assemblée municipale firent choix de l'église
de Longpaon, par des considérants peu compromettants, même
pour des révolutionnaires. On espérait ainsi « dans l'intérêt de la
« commune, conserver le marché qui avait lieu proche ladite
« église, vu que l'église se trouvait dans le centre de la commune
« et plus à la commodité du public... »

Des nombreux vitraux qui ornaient l'église, plusieurs, dit L. de
Duranville ont été mutilés d'une manière épouvantable pendant la
tourmente révolutionnaire. Un seul subsiste encore, c'est un arbre
généalogique du Sauveur. Les autres n'ont pu être restaurés. L'un
d'eux, dont on lisait encore l'inscription il y a quelques années,
représentait saint Roch *s'en allant à Plaisance visiter les ospitals
et guerir les malades.* Les verrières de Carville furent moins
maltraitées et parmi celles qui subsistent encore, on en remarque
particulièrement une de l'année 1565.

Les statues que n'avait point décapitées ou mutilées la fureur
de la Réforme, ne trouvèrent point grâce devant le marteau de la
Révolution et c'est merveille que le portail sud de l'église de
Longpaon conserve encore quelques personnages un peu dissi-
mulés dans les riches voussures. On ne les avait sans doute
pas vus !

Seule fut respectée la litre funèbre apposée sur les murs des
deux églises après la mort d'un des derniers seigneurs de Blainville, haut justicier de Darnétal. Sur une bande noire que le temps
n'a pas complètement effacée, on voit se détacher dans de nombreux
écussons, les armoiries de la famille Montmorency-Luxembourg.
Elles ont dû être apposées, dit M. Bouquet, à la mort d'Anne-
François Montmorency-Luxembourg, ou de celle de ses filles qui
avait hérité de la haute justice de Darnétal, c'est-à-dire vers 1778.
Ces armoiries sont *d'or à la croix de gueule, cantonnées de seize
alérions d'azur, le cœur de la croix chargé d'un écusson d'argent,
au lion de gueule, armé, lampassé et couronné d'or, ayant la
queue nouée, fourchée et passée en sautoir.*

Inutile de parler des biens immeubles des Fabriques des deux églises. Tout le monde sait qu'ils furent déclarés biens nationaux et vendus. Les presbytères et vicariats eurent le même sort.

Il faut lire dans leur teneur, les actes administratifs de l'an II, pour être complétement édifié à ce sujet :

« Le 19 ventôse, sur la réquisition faite par le citoyen agent
« national relative aux presbytaires et vicariats de cette commune,
« il a été arrêté que les ci-devant prêtres qui les occupent, seront
« avertis et en tant que bezoin, sommés de les quitter et rendre
« libres dans le délay de cinq jours et que pour cet effet, deux
« officiers municipaux se transporteront auxdits presbitaires et
« vicariats. »

A Longpaon, la menace eut bientôt son effet, pour le vicariat habité par M. Michel-Bruno Guillard. M. Guillard était arrivé en 1786, comme sous-vicaire ou second vicaire. Il était alors vicaire en titre et il le fut jusqu'en 1825. Il fut sommé le 24 ventôse de quitter son domicile « dans le délay de dix jours. »

Pour le presbytère on procéda différemment. Voici, en effet, ce que contient la délibération quelque peu embrouillée du 29 ventôse :

« La séance est ouverte par la proposition que fait un membre :
« que pour la garantie et conservation du ci-devant presbitaire de
« longpaon comme domaine national devant être rendu libre par
« le citoyen Duval, qui l'a jusqu'à présent habité, le corps munici-
« pal considérant la proposition juste, que si cette maison reste
« inhabittée et à la disposition de gens insouciants et mauvais
« citoyens qui pouroient se permettre d'y causer des dégâts, consi-
« dérant l'urgence qu'il a de poser quelqu'un à la garde et conservation
« de cette habitation et mesme de la ci-devant église, vu la réquisition
« faitte au citoyen Duval de vuider et rendre libre, dans le délay
« qui lui a été fixé, ledit local, il a été arrêté que le citoyen Duval
« sera invité à rester jusqu'à nouvel ordre dans ledit presbitaire,
« parce que le cas échéant qu'il accepte, il sera chargé de prendre
« tous les soins convenables à la conservation d'iceluy, ainsy qu'il
« la fait jusqu'à ce jour, comme de la ci-devant église de Longpaon,
« que néanmoins, vu que ces attres appartiennent à la nation
« comme domaine national, et que par conséquent il peut être pro-
« cédé à la vente d'iceluy au premier instant, le citoyen Duval sera
« tenu de se retirer à la première réquisition qui sera faite par
« l'administration à la municipalité. »

Mais elle veillait cette terrible administration du district de Rouen ; et le malheureux abbé Duval qui n'était resté dans la paroisse et dans son presbytère qu'au prix de serments peu rassurants pour sa conscience, dut quand même abandonner sa demeure curiale.

Car le nonody de la première décade de germinal la municipalité prit connaissance d'une circulaire portant « que les municipalités « étaient tenues de procéder incessamment à la location des « presbitaires, en outre de mettre provisoirement en culture tous les « jardins et les préparer à recevoir la pomme de terre. »

Enfin le 13 messidor on accorda au citoyen Richard capitaine des vétérans, pour former sa compagnie « l'usage du ci-devant presbitaire. »

L'an IV, les vétérans furent remplacés par des écoliers ; car le 14 brumaire il fut enjoint à la municipalité « d'installer le citoyen Dumézeray, instituteur, dans le presbiter de Longpaon. »

A cette époque, l'abbé Duval était réfugié dans quelque maison du voisinage et portait encore le titre de « ministre du culte de cette commune. » D'ailleurs il ne dut jamais s'éloigner beaucoup, et, dès 1802, il redevint officiellement curé de Longpaon. La légende ignoble : *Le Calvaire et l'Abbé Duval*, racontée par Lesguilliez et rapportée aux pires journées de la Révolution, nous paraît une calomnie monstrueuse. Car les vieillards qui ont connu encore l'abbé Duval ainsi que son vicaire, M. Guillard, ne les représentent que comme des prêtres très populaires et véritables bienfaiteurs de la paroisse. Or, on n'aurait pas aimé, on aurait plutôt chassé à coups de pierre, un curé coupable d'avoir souillé et profané le calvaire du cimetière. De plus, l'autorité diocésaine, à si peu de distance, n'aurait pu connaître de tels faits et en maintenir l'auteur par une nouvelle nomination à son ancienne paroisse (1).

Le presbytère, naturellement, fut vendu et ce ne fut qu'en 1827 que l'administration municipale en fit construire un nouveau, situé chemin de Rouen, qu'elle revendit en 1863, époque où elle put racheter et restaurer de fond en comble l'ancien presbytère.

Quant au presbytère de Carville, construit en 1665, il fut vendu le 2 fructidor, de l'an IV (19 août 1796) et il a été racheté en 1840, par la ville de Darnétal. Comme il tombait en ruines, il a été refait en entier, en l'année 1846.

(1) Même le 22 septembre 1806, l'abbé Duval célébra solennellement, au milieu de son peuple, la cinquantième année de sa prêtrise. Il était assisté de « M. Selot, Curé de la Magdeleine » et d'un grand nombre de prêtres, ses amis.

VII

L'abbé Jacques Pinand et Jean-Jacques Mouchét, savants.

François Duréou, fondateur de l'Hospice.

S I nous avons pu donner un aperçu des excès et des crimes commis par la Révolution, nous ne pouvons que supposer bien imparfaitement, la tristesse et les appréhensions qui torturaient les esprits demeurés sages et inébranlables dans leur fidélité à Dieu et à la religion. Époque de sang, de larmes, la Terreur reste incompréhensible et on ne pourra jamais connaître toutes ses infamies.

Mais que ces tristes souvenirs ne nous laissent pas oublier ici des noms glorieux, qui dans notre siècle ou dans le siècle précédent ont jeté un certain éclat sur leur pays d'origine, sur la paroisse de Longpaon où sont nés trois hommes remarquables.

Le premier est le savant abbé Jacques Pinand. Nous ne saurions mieux le faire connaître qu'en reproduisant son éloge funèbre (1) prononcé dans l'Académie de Rouen, par M. Haillet de Couronne :

« M. Jacques Pinand, licencié ès-lois, grand vicaire et official de
« (l'Abbaye de) Montivilliers, naquit en la paroisse de Longpaon,
« à Darnétal, de parents peu fortunés, le 20 juillet 1692. Devenu
« prêtre en 1716, il fut placé, en qualité de précepteur, auprès des
« enfants de M. de Suplix. Cette éducation terminée, il fut nommé
« curé à Buglise (2). Il prit possession de ce bénéfice en 1721, et
« peu après il reçut le titre de doyen des curés de l'arrondissement
« du Havre. En 1735, il obtint une autre cure plus agréable et d'un
« revenu plus considérable, Octeville.

« Ami des lettres, M. l'abbé Pinand fut un des fondateurs de
« notre Académie et son nom se trouve inscrit au catalogue qui
« accompagne nos premières lettres patentes. Versé dans la

(1) *Précis analytique des travaux de l'Académie royale de Rouen*, année 1776 (IV, p. 292-294).

(2) Paroisse maintenant réunie à Cauville.

« connaissance des langues hébraïque, grecque, latine, italienne,
« espagnole et anglaise, il réunissait en lui tous les moyens qui
« conduisent au savoir...

« Il cultiva l'histoire naturelle et les muses latines. Il a commu-
« niqué à l'Académie un mémoire *sur les Polypes*, plusieurs pièces
« de vers latins de sa composition, l'observation d'une pièce de
« bled qui, dans la même année, avait donné deux récoltes, la
« traduction en vers français, des psaumes 130 et 139 et· on a
« annoncé de lui, un *Commentaire sur la Bible...*

« Nous citerons comme un de ses meilleurs ouvrages, une dis-
« sertation sur la signification de ces mots : *terra Salica (terre de*
« *Conquête)*. Aimable et plein de talent, M. l'abbé Pinand eut des
« amis estimables et amis des lettres.

« Il termina son honorable carrière, le 28 novembre 1775 (à Mon-
« tivilliers).

« Il est doux pour nous que le tribut légitime dû à l'homme de
« lettres, se confonde ici. avec l'hommage que mérite l'homme
« vertueux. »

Les Archives départementales (G. 6, 174 et 5,296) conservent les
lettres de tonsure de l'abbé Pinand du 28 décembre 1710, le procès-
verbal de son installation à Octeville le 11 décembre 1735, la nomination d'official, par Mme de Montivilliers, le 4 mai 1741.

Les membres de la famille Pinand étaient ici très nombreux et
il reste d'eux un souvenir assez curieux : Une grande et belle lan-
terne, de forme hexagonale, dont on comprend la destination par
l'inscription suivante, faite de lettres repoussées dans la tôle
dorée : *Loué soit à jamais le Très Saint Sacrement de l'Autel.* Au
bas on lit : *Donnée par Jean-Baptiste Pinand, Fecit-Tart. 1700.*
— Certainement c'est un proche parent, sinon le père du savant
abbé qui nous a laissé ce témoignage de sa dévotion envers le
Saint Sacrement.

Un second nom bien connu du monde des savants, est celui de
Jean-Jacques Mouchet, « né le 27 mars 1737 de Jean Mouchet et de
« Marguerite Auber, drapiers drapans, demeurant sur la paroisse
« de Longpaon.

« Ses grandes connaissances en littérature et son amour bien
« connu. pour le travail, l'avaient fait nommer premier employé
« du département des manuscrits de la bibliothèque nationale.
« MM. de Brequigny et de Sainte-Palaye qui connaissaient sa

« grande érudition l'avaient jugé seul capable d'exécuter le plan
« qu'ils avaient conçu *d'un glossaire de l'ancienne langue fran-*
« *çaise, depuis son origine jusqu'au siècle de Louis XIV.*

« Cet important ouvrage n'a reçu qu'un commencement d'exé-
« cution ; des circonstances particulières ont empêché de le
« terminer.

« Le même M. de Bréquigny s'adjoignit Mouchet pour faire les
« recherches immenses qu'exigeait l'ouvrage publié sous le titre
« de *Table chronologique des diplômes, chartes, titres et actes*
« *imprimés, concernant l'Histoire de France.*

« Mouchet était aussi modeste que savant ; toute son ambition
« se bornait à être utile, aussi fut-il peu favorisé des dons de la
« fortune ; il serait même mort dans un état voisin de l'indigence,
« si l'amitié n'était venue à son secours (1). »

Il mourut à Paris, au mois de février 1807.

A ces deux noms de lettrés, de travailleurs s'ajoute celui
d'un autre travailleur qui devint de plus le bienfaiteur de son
pays.

Avant l'année 1830, Darnétal ne possédait pas ou ne possédait
plus d'établissement public pour recevoir les malades ou vieillards
pauvres. Il avait bien existé autrefois une Léproserie ou Maladrerie
de Saint-Claude, située non loin du pont de Dernétal. Elle avait
été fondée par les paroisses de Carville et de Longpaon, Saint-
Vivien et Saint-Nicaise (de Rouen), pour les lépreux ou les pesti-
férés. Mais en 1693, elle fut supprimée par ordonnance de
Louis XIV qui en affecta les revenus au « Bureau des Valides » ou
Hospice général de Rouen. On reconnut alors à chacune de nos deux
paroisses le droit de placer un malade à l'Hospice général. Et
actuellement parmi les huit lits dont y dispose encore la ville, un
provient de cette origine lointaine.

Quatre autres lits furent assurés, deux à la paroisse de Carville
et deux à la paroisse de Longpaon, par « la dame le Noble, veuve
Moulin, en vertu d'une donation de 14.000 livres, » faite à cet
hospice vers 1755.

Les trois autres lits sont dus (2), écrit Lesguilliez, à la générosité
de M. et de Mme Hucher qui, en 1758, donnèrent au Bureau des

(1) Lesguilliez, *Notice historique*, p. 343.
(2) *Notice historique*, p. 183.

Valides la somme de 10.000 livres, à charge de recevoir trois pauvres de la paroisse de Carville.

C'est à ces diverses fondations charitables que quelques-uns de nos vieillards doivent d'être admis « au Bureau » pour y passer doucement la fin de leurs jours.

C'était bien, mais c'était peu, pour une population ouvrière comme la nôtre. C'est ce que ressentit et comprit, au commencement de ce siècle, M. François Durécu, dont toute la vie fut inspirée de sentiments religieux et couronnée par une action d'admirable charité.

M. Durécu, un des fils de « Pierre Durescu et de Cécile Mouchel », naquit le 7 février 1751, et fut baptisé le même jour, en l'église de Longpaon. Il fut « nommé François par François Mouchel et Louise-Françoise Durescu, femme de Jean Bizet ». Quel fut son genre de vie jusqu'en 1785, nous l'ignorons. Mais tout nous fait supposer qu'il puisa, au sein d'une famille honorable, des sentiments très religieux, et qu'on lui fit contracter de fortes habitudes de travail et d'activité. Car la première fois que nous le rencontrons mêlé aux affaires de la paroisse, c'est parmi les trésoriers de la « Messe de dévotion, dite messe de cinq heures » le deuxième dimanche après Pâques 1785, « issue des Vêpres ». Il signe avec eux comme il le fera désormais jusqu'aux derniers jours du trésor, c'est-à-dire jusqu'à la Révolution.

C'est qu'il était un des fidèles de la Messe qui se célébrait tous les jours à cinq heures, en été, et à six heures, en hiver. A en juger par les recettes annuelles, elle était bien suivie cette messe matinale. Aussi, qu'il devait être beau et édifiant de voir, chaque matin, ce groupe de fidèles commencer si chrétiennement une journée de longs travaux ! Quelle bénédiction pour une population de fabricants et d'ouvriers ! En même temps quel précieux auxiliaire pour l'église que le trésor de la messe de cinq heures ! Là point de statuts, point de privilèges sujets à conflits ou même à procès. Deux choses seulement constituaient la raison d'être de ce trésor : assurer à de bons paroissiens le moyen de satisfaire leur dévotion dès le point du jour ou avant le jour et pouvoir contribuer aux dépenses qu'entraînait l'entretien d'une grande et belle église.

M. Durécu dut gémir amèrement en voyant l'église dévastée et convertie en atelier de salpêtre, par les hommes de la Révolution.

Mais s'il fut le témoin attristé de si lamentables événements et s'il ne vit point refleurir la messe de cinq heures (1), il reparut aussitôt après l'ouragan dévastateur pour relever tant de ruines amoncelées. Et quand eut lieu l'établissement nouveau des Fabriques, il fut le premier des administrateurs nommés par Mgr le cardinal de Cambacérès, le 26 août 1803. Après le décret du 30 décembre 1809, il fut élu président de la Fabrique, fonction qu'il remplit, conjointement avec celle d'adjoint au maire, depuis le 7 octobre 1810, jusqu'au jour où il devint lui-même maire de Darnétal, c'est-à-dire jusqu'en 1816.

C'est un glorieux souvenir pour la fabrique de l'église de Longpaon que le nom de François Durécu inscrit à la première page de son histoire au XIXᵉ siècle.

Le temps qu'il consacra à ses devoirs religieux ou à l'administration temporelle de l'église ne l'empêcha point de se montrer habile industriel.

A quelques pas de l'église il possédait le grand moulin de Longpaon ou « le moulin à bled » comme l'on disait encore cinquante ans auparavant, et la ferme du Manoir.

Le « moulin à bled » (2) dut être converti dans les premières années de ce siècle en moulin à foulon et se prêter au travail des laines. Le fabricant du grand moulin vit prospérer ses affaires, il employa de nombreux ouvriers et ce qui est le plus beau encore, il les aima; car parvenu à la vieillesse et obligé de se retirer à Rouen, il se souvint d'eux comme se souviennent les grands cœurs.

L'ancien paroissien et administrateur de l'église Saint-Ouen de Longpaon se rendit le 21 juillet 1820 au presbytère de Saint-Ouen de Rouen, situé sur la place du même nom. Là, entouré de tous les prêtres de la paroisse, il dicta à son notaire un testament remarquable de simplicité et de touchante bonté. « Il voulait, « disait-il, prouver aux ouvriers de la ville de Darnétal qui « l'avaient servi fidèlement, et à leurs descendants, l'intérêt qu'il

---

(1) Seule une rente de 10 livres fondée en faveur de la *Messe de cinq heures* par Jean Dubosc vers 1685, survécut à la ruine générale et fut remboursée à la Fabrique le 5 octobre 1886.

(2) A l'époque de la Révolution, ce moulin appartenant au Seigneur Colbert de Seignelay qui avait émigré, fut adjugé pour 49.400 fr., à Jean Leroux par le District de Rouen, le 5 Brumaire, an II, (Arch. dép. Domaines nationaux de seconde origine, nº 10) puis par l'Administration centrale, pour 400.000 fr., à Pierre Martin, le 17 Pluviôse, an VI (nº 2).

« leur portait en leur procurant un asile lorsque l'âge et les infir-
« mités les mettraient hors d'état de travailler et les priveraient
« d'un revenu nécessaire pour pourvoir à leur subsistance ». Touchant exemple de charité d'un vénérable père de famille qui traitait
comme ses propres enfants ses chers anciens ouvriers.

A cet effet, il léguait à la ville de Darnétal une somme de soixante
mille francs en espèces, la masure de sa ferme du Manoir, ainsi
qu'une maison voisine avec jardin, et environ neuf hectares de
terre labourable voisine du cimetière.

Le legs, dans son ensemble, a été évalué à environ 130.000 francs,
y compris sans doute les intérêts et revenus de la donation, depuis
le décès de M. Durécu jusqu'à la construction de l'établissement
hospitalier. Une seule condition fut imposée à la ville, et elle la
remplit encore: c'était de verser annuellement à l'hospice une
somme de 8.000 francs.

Le noble vieillard pouvait, après cela, attendre avec confiance
le moment où, paraissant devant le Juge souverain de toutes nos
actions, il lui serait dit: « J'étais sans abri et vous m'avez recueilli;
j'avais faim et vous m'avez donné à manger... » Il est consolant
de penser que leurs œuvres suivent de tels hommes devant le
tribunal de Dieu.

Cher à Dieu et aux hommes, le fondateur (1) de l'hospice de
Darnétal mourut à Rouen (rue de Fontenelle, 29) le 3 juillet 1822.

Aussitôt furent commencées les démarches nécessaires à
l'accomplissement de ses généreuses intentions.

Elles n'étaient point terminées que le noble exemple du fondateur valait à la fondation de nouveaux et importants secours. Un
fabricant, M. Auber, prenait le 14 août 1823, les dispositions
suivantes: « Je lègue en toute propriété, à l'hospice de Darnétal,
« récemment fondé par M François Durécu, et en vertu de l'auto-
« risation sollicitée pour cet établissement... masure... terres
« situées à Darnétal, sur la côte au-dessus de l'église de Longpaon

---

(1) Le fondateur de l'Hospice avait assisté le 21 avril 1800, dans l'église de
Longpaon au mariage de l'une de ses filles, Marie Eulalie avec M. Lambert-
Join Hyppolite (de Saint-Étienne d'Elbeuf). De ce mariage naquit le fondateur
de l'Institution ecclésiastique de Boisguillaume, actuellement dirigée par M. l'abbé
Flavigny, arrière-petit-fils de M. Durécu et neveu du fondateur, M. l'abbé Join-
Lambert.

« et tournant vers Rouen ». Le tout contenant vingt-six acres fut estimé à la somme de 20.000 francs (1).

La ville ayant été autorisée à accepter le legs Durécu, le 11 février 1824, on nomma une commission administrative, dont furent, de droit, président M. le Maire et vice-président M. François Durécu, fils, puis on commença les travaux de construction.

La commission décida d'élever le nouvel établissement dans la masure même de la ferme du Manoir, formée à même le terrain du Grand-Camp (2).

Les blessés des batailles furent souvent sans doute abrités dans cet ancien camp royal ; ils sont remplacés maintenant par les victimes du travail ou de la misère, auxquels s'adresse cette simple mais éloquente inscription : *Hospice fondé par M. François Durécu.*

La rue au nord de l'établissement porte, par le plus juste témoignage de reconnaissance le nom de François Durécu. Elle prend naissance presque au pied du moulin à foulon, aujourd'hui à usage de filature de coton. L'hospice, bientôt bâti et distribué avec une régularité qui tenait presque de la nouveauté à cette époque, allait se trouver terminé en 1829. Mais les différentes constructions avaient absorbé les premières ressources et on ne savait trop comment se procurer le mobilier nécessaire. La Providence y pourvut. Mme Mouchel, qui avait résolu de léguer à l'hospice une somme de 10.000 francs, offrit immédiatement ce don si opportun, le 29 août 1829 ; et après toutes les préoccupations matérielles, on s'occupa enfin du personnel. L'hospice était fondé primitivement pour recevoir vingt vieillards ; on les trouva facilement. Qui donnerait les soins à ces vieux enfants ? Telle était la dernière question à résoudre.

Point de doute que si le fondateur eût été encore vivant, on ne l'eût consulté. Mais son fils était là au sein de la Commission administrative, il était l'expression vivante des désirs du grand bienfaiteur, dont il portait d'ailleurs bien dignement les nom et prénom. Or, M. François Durécu entendit parler avec très grands éloges de religieuses qui dirigeaient, depuis le mois de mars 1825, un établissement remarquable, et trop bien connu pour que nous entrions dans plus de détails : c'était l'Asile des Aliénés de Saint-

(1) Lesguilliez, p. 208.
(2) Lesguilliez, *Lettre-Notice.*

Yon, à Rouen. Ces religieuses appartenaient à une congrégation toute jeune, elle aussi, et dont l'intrépide fondatrice, la remarquable Mère Anne Javouhey, était alors partie pour la Guyane, fière d'y faire aimer la religion chrétienne et le nom français. La congrégation de Saint-Joseph de Cluny n'était même désignée sous ce vocable que depuis peu de temps. Les religieuses avaient commencé à s'appeler sœurs de Saint-Joseph, à la suite de la bénédiction de leur première chapelle élevée dans leur établissement de Châlons-sur-Saône, et dédiée à saint Joseph, le 20 août 1806. Six ans plus tard, le 29 mai 1812, l'Institut Saint-Joseph acheta à Cluny, petite ville dans les montagnes du Mâconnais, une propriété habitée par les Récollets, avant la Révolution. On y installa d'abord une école gratuite pour les enfants pauvres. « La Mère « Javouhey pensa ensuite qu'elle se devait aussi à la classe « moyenne du pays, qui n'avait d'autre ressource alors, pour ses « filles, que de les envoyer dans les villes les plus rapprochées ; et « elle ouvrit un pensionnat où n'ont cessé, depuis lors, de venir « puiser une éducation justement appréciée, les enfants des « meilleures familles de Cluny et des environs. La R. Mère « fondatrice fut bien dédommagée, et au delà, de ses sacrifices « pour Cluny, par les vocations que la divine Providence y fit « éclore pour son œuvre ; vocations nombreuses et distinguées, « pour la plupart, au point de vue de l'intelligence, des vertus « religieuses et du zèle pour la gloire de Dieu (1). »

La Mère Javouhey fit de Cluny son séjour de prédilection. Et bientôt la congrégation porta le nom de Saint-Joseph de Cluny.

Comme en 1829, la Mère Javouhey n'était point rentrée en France ; la Commission de l'hospice de Darnétal traita avec la supérieure des sœurs de l'Asile de Saint-Yon. Munie des pouvoirs nécessaires, celle-ci accorda les sœurs qu'on lui demandait.

Ces dernières arrivèrent au mois de novembre pour aménager les salles et organiser les différents services.

Enfin, en janvier 1830, elles reçurent les vieillards, leurs premiers hôtes, et, le 5 avril suivant, eut lieu la bénédiction solennelle de la maison hospitalière et de la chapelle.

(1) *Histoire de la Vie et des Œuvres de la R. M. Javouhey*, par le R. P. Delaplace, I, 230.

De nouvelles fondations ont continué et augmenté l'œuvre de M. François Durécu, à ce point que l'hospice peut recevoir aujourd'hui vingt-six vieillards et trente-quatre malades, soignés par huit sœurs de Saint-Joseph de Cluny.

Nous risquerions fort d'étonner ou plutôt de mécontenter grandement toutes les familles de Darnétal, si nous ne disions au moins quelques mots du bien qui se fait dans l'hospice et du dévouement qui l'inspire.

De l'aveu de toutes les personnes compétentes, rien ne laisse à désirer dans la partie matérielle de la maison. La propreté et l'ordre qui y règnent feraient presque oublier que l'on se trouve là en présence de toutes les misères qui peuvent affliger notre pauvre humanité. Quoique pauvrement doté pour les besoins actuels, l'établissement a pu, à force de prévoyance et d'ingénieuses combinaisons, refaire à l'intérieur, plus solidement, plus agréablement, et d'une manière plus salubre, les salles des malades et les dortoirs des vieillards.

Mais toutes ces choses ensemble ne sont que le corps de l'œuvre; les sœurs en sont l'âme. Pendant les vingt premières années, la petite communauté fut assez souvent visitée, conseillée et encouragée par la R. Mère Javouhey, qui attachait une grande importance à visiter régulièrement l'Asile de Saint-Yon, et, de là, aimait à se donner à ses filles de Darnétal, et bientôt, à celles qui fondèrent le pensionnat de Dieppedalle.

La digne fondatrice vint une dernière fois visiter l'Asile, aux fêtes de Pâques de l'année 1851. Mais, se sentant fatiguée, elle ne vint point à Darnétal, et se contenta de recevoir la Supérieure de l'Hospice, à Saint-Yon. C'était la fatigue qui allait amener le dernier sommeil. La Mère Javouhey mourut bientôt.

Mais son esprit de religieux dévouement anima toujours ses chères filles et leurs nouvelles compagnes. Une d'entre elles mérite ici un souvenir particulier. Nous nous bornerons pour cela à reproduire l'émouvant discours que prononça, sur une tombe trop tôt ouverte, en septembre 1883, le bien regretté docteur Blockberger, qui, à tous les titres, fut l'ami et le bienfaiteur de l'hospice et des sœurs :

« Je croirais manquer à mon devoir, si, devant cette tombe, je « ne venais déposer un suprême hommage au nom de l'Adminis-« tration de l'hospice de Darnétal, et dire un dernier adieu à la

« sœur Marie Lévinie, morte victime de son dévouement.
« Quelques malades atteints de fièvre typhoïde sont venus se
« faire soigner à l'hospice. L'épidémie paraissait bénigne : tous
« guérissaient; nous étions heureux. Une victime devait payer
« pour tous! Dieu l'a prise dans l'élite des vierges consacrées à
« son service. Il a appelé à Lui la sœur Lévinie (1).

« C'est un grand deuil pour nous que la perte de cette infirmière
« si douce, si dévouée, si courageuse, qui ne reculait devant
« aucune besogne, si répugnante qu'elle fût, et apportait, dans le
« soin des malades, un entrain et un zèle admirables, qui ne se
« sont jamais démentis pendant quinze années.

« La sœur Lévinie soignait les typhoïques sans paraître redouter
« le danger, et elle a contracté la maladie en faisant son devoir.
« La mort l'a trouvée prête, résignée, je dirai même joyeuse : vous
« l'auriez vue hier sur sa couche funèbre, parée de ses habits de
« fête, environnée de fleurs; elle semblait avoir exhalé sa belle
« âme dans un sourire.

« ..... Croyez-vous, Messieurs, que ce coup paralysera le
« dévouement des sœurs de Saint-Joseph de Cluny, dans l'accom-
« plissement du devoir? Ce serait mal connaître l'esprit de cette
« phalange de femmes simplement héroïques, qui portent au bout
« du monde le nom de la France et l'exemple de grandes vertus.

« Comme les soldats, qui, dociles, au champ de bataille, serrent
« leurs rangs pour réparer les brèches, les sœurs hospitalières de
« Darnétal, leur digne Supérieure en tête, se sont partagé les
« travaux de celle que nous pleurons, et déjà le service des malades
« est assuré.

« La sœur Marie Lévinie est morte au champ d'honneur; elle
« est allée recevoir la récompense méritée de ses vertus.

« Elle priera pour nous, Messieurs. »

Le même docteur, appréciateur éclairé de tout ce qu'il a pu
admirer dans l'hospice, tenait encore, le 19 avril 1888, à faire
voter par la commission des félicitations toutes particulières
« à Mme la Supérieure, pour le courage et le sang-froid dont elle a
« fait preuve, en opérant la compression d'une artère qui s'était
« rompue dans la plaie d'un blessé, dont le bras avait été écrasé,
« ce qui avait déterminé une hémorragie foudroyante, qu'elle a pu

(1) Née près de Rennes, et âgée de trente-sept ans.

« combattre, en attendant l'arrivée du docteur, qui a opéré
« l'amputation du bras. Le blessé était sauvé! » Pendant quatre
heures, debout, les mains fortement serrées autour de la plaie, la
Mère Xavier résista à la fatigue, aux sueurs, aux éblouissements,
puis assista à l'amputation, et veilla son malade pendant toute la
nuit. Aussi, quand la population apprit, au mois de juillet 1894,
qu'une médaille de vermeil allait être décernée, après quarante-
trois années de remarquables services, à la Supérieure de l'hospice,
par le département, elle se transporta autour de l'estrade d'honneur,
et fit à la bonne Mère un triomphe de larmes et de bravos. Une
souscription spontanée, ouverte en mémoire de cette récompense
si méritée, enrichit d'un joli Chemin de la Croix la chapelle,
maintenant si gracieuse, et lui valut, le 3 janvier de l'année
dernière, une fête qui se place parmi celles que l'on n'oublie pas.

L'œuvre de M. François Durécu est affermie et consacrée par
une glorieuse existence de plus de soixante ans. Les descendants
du fondateur, dignes héritiers de ses généreuses qualités, se
souviennent toujours de l'hospice de Darnétal; et le tableau des
bienfaiteurs nous les montre à différentes reprises, à différents
jours de deuil, continuant les pieuses traditions de l'aïeul. Le
petit-fils du fondateur, M. Armand Durécu, a voulu même être
inhumé dans le cimetière de Darnétal, à quelques pas de l'hospice
qui lui était cher. Mᵐᵉ Armand Durécu, décédée en 1894, à Paris,
a formé le même vœu, qui a été filialement exécuté.

La présente année 1896 a vu se réaliser un autre vœu, depuis
longtemps exprimé par différents personnages. Le corps du cher
fondateur, inhumé en 1822, dans le cimetière Saint-Gervais de
Rouen, a été ramené à Darnétal, et déposé dans le tombeau de
famille, dans la terre même de son ancienne ferme du Manoir qui
était devenue le cimetière de Darnétal, depuis le 31 décembre 1821.
On se souviendra longtemps, ici, des funérailles triomphales de
M. François Durécu, qui ont eu lieu le lundi de Pâques 6 avril.
On ne pouvait dire plus éloquemment : Honneur à M. François
Durécu!

VIII

M. l'Abbé Lefebvre, Curé de Carville, 1824-1849.

M. l'Abbé David, Curé de Longpaon, 1842-1888.

――――

§ 1.

LES deux paroisses de Darnétal conservent pieusement le souvenir des prêtres qui les ont dirigées depuis le commencement de ce siècle. Mais deux noms reviennent plus fréquemment sur les lèvres des paroissiens, parce qu'ils sont plus profondément gravés dans leurs cœurs. C'est, à Carville, M. l'abbé Lefebvre, et, à Longpaon, M. l'abbé David. Leurs longues années de ministère, les travaux dont ils les ont remplies, et le bien qu'ils ont accompli, leur désignent une place toute particulière dans notre travail.

On ne trouvera ici qu'un court résumé de la vie de M. Lefebvre, dont la biographie a été écrite de main de maître par M. l'abbé Godefroy, curé de Notre-Dame de Bonsecours, en 1854. Cette biographie est assez connue et estimée pour que nous n'en parlions pas plus longuement.

François-Guillaume Lefebvre naquit à Bosc-Roger, village du diocèse d'Évreux, le 6 janvier 1769, d'une famille qui se recommandait par la pratique des vertus chrétiennes. Ses études ecclésiastiques, commencées chez son oncle, curé de Saint-Aubin-Celloville, et continuées au Séminaire de Rouen, furent interrompues par la Révolution. Il les continua, dans un exil volontaire mais pénible, en Allemagne, et fut ordonné prêtre à Münster, le 9 mars 1799. Les vertus dont il était si richement orné s'étaient fortifiées dans les souffrances de cette terrible époque. Sa confiance en Dieu et son zèle pour le salut des âmes devinrent et demeurèrent toujours admirables. Rentré en France dès l'année 1801, il put célébrer les obsèques de son oncle, redevenu curé de Saint-Aubin-

Celloville. Et, sur la demande des habitants, il reçut le titre de
vicaire de la paroisse, le 20 août 1802. Relever les autels abattus
par l'orage révolutionnaire, orner l'église, éclairer et fortifier les
âmes, ce fut le but de tous ses efforts. Dans l'exercice d'un
ministère si apostolique, il contracta une maladie qui fut assez
grave. Mais quand il fut revenu à la santé, il se vit nommer curé
de Saint-Aubin-Jouxte-Boulleng, le 18 février 1803. C'est là que
devait éclater la renommée du saint abbé Lefebvre. Il transforma
sa paroisse par ses exemples et ses prédications. Souvent il fut
appelé au dehors à prendre la parole dans de grandes solennités,
ou à prêcher des retraites dans des Communautés religieuses.

Enfin, il institua, en 1818, les Sœurs du Sacré-Cœur de Jésus.
Qui ne connaît aujourd'hui les Sœurs de l'abbé Lefebvre, *les Sœurs
de Saint-Aubin?*

Inutile de dire que l'attachement était réciproque, à Saint-
Aubin, entre le pasteur et ses ouailles. Aussi fallut-il toute la
volonté de l'autorité archiépiscopale pour opérer une séparation
douloureuse, lorsque, au mois d'avril 1824, M. l'abbé Lefebvre fut
appelé à la cure de Carville. Pour s'épargner des émotions
déchirantes, le nouveau Doyen de Darnétal partit de Saint-Aubin
pendant la nuit, sans prévenir personne.

Il apportait à Carville tous les trésors de piété et de charité qui
lui avaient fait accomplir des merveilles, dans sa précédente
paroisse. On voulut lui faire quelques observations sur la pauvreté
évangélique, qui lui était si chère; mais ce fut en vain. Même
dénûment dans le presbytère de Carville que dans celui de Saint-
Aubin. Sa seule ambition fut d'évangéliser ses paroissiens, dont
plusieurs étaient aussi ignorants qu'indifférents en matière de
religion. Il prêcha, prêcha beaucoup, et avec toute son âme. C'est
dire qu'il réveilla de leur torpeur grand nombre de ceux qui
avaient oublié leurs devoirs religieux. La vertu commença à
refleurir, et le vice combattu devint furieux. Un soir, le digne Curé
étant dans la sacristie, une grosse pierre, lancée par une fenêtre,
faillit lui faire expier ce qu'on appelait trop de zèle, parce qu'il
disait trop juste. Le projectile n'ayant point atteint la victime, des
misérables dressèrent une autre sorte de machine infernale : on
porta contre le Curé de Carville une accusation infâme. Naturellement, l'accusé fut reconnu innocent devant le tribunal, qui
déclara: Que les faits articulés dans la plainte ne caractérisaient ni

crime ni délit... Que la plainte n'était pas dirigée dans l'intérêt de la morale, mais dans des vues tout opposées. Grande fut la douleur de cette belle âme sacerdotale pendant la durée de ces tristes débats, mais grande aussi fut sa consolation de voir les paroissiens, les vrais paroissiens entourer leur Curé avec plus d'empressement et de piété que jamais. Il n'en continua qu'avec plus d'élan ses œuvres charitables. Il se plut à enrichir aussi l'église qu'il avait trouvée dans un état de pauvreté complète. Le riche maître-autel de marbre qui, par suite de regrettables différends, était longtemps demeuré dans la sacristie, fut vite placé dans le chœur. Beaux ornements et riches vases sacrés formèrent le trésor de l'église. En l'année 1830, l'année des troubles révolutionnaires, nouvelles épreuves : M. Lefebvre est accusé de soulever les ouvriers! Il devait avoir chez lui des dépôts d'armes, de fusils. On n'allait pas jusqu'à parler d'artillerie! Une visite des plus illégales découvrit qu'il n'y avait rien à découvrir.

Presque aussitôt, M. Lefebvre fut accusé d'être hostile au nouveau gouvernement. Vite en cour d'assises! Des juges solennels, une foule immense, un accusé acquitté, et ce fut fini.

Ou plutôt ce ne fut pas fini. Il y eut à ce petit drame un épilogue peu attendu mais bien glorieux pour le prêtre persécuté : Mgr le Cardinal prince de Croy nommait M. Lefebvre chanoine honoraire de la Métropole !

Bientôt après, M. Lefebvre fut invité à prêcher la retraite aux religieux de la Grande-Trappe, tant sa renommée de sainteté s'était répandue au loin. Ne refusant jamais une invitation qui devait être l'occasion de faire du bien, il accepta. Un matin qu'il venait de dire la sainte messe devant les religieux, il rentrait à la sacristie, quand quelque chose d'assez lourd et d'aspect blanchâtre tombe à ses pieds. Était-ce encore une pierre comme jadis dans la sacristie de Carville? Non, bien mieux que cela. Sous l'habit blanc de novice, c'était le coupable de l'ancienne tentative qui converti et vivant au monastère depuis cinq ans, demandait un pardon qu'il obtint sur le champ.

Les travaux et les fatigues de toutes sortes qu'avait supportés l'intrépide curé ne l'empêchèrent pas de couronner son œuvre par un établissement de la plus haute importance. Désolé de voir les jeunes garçons trop souvent rebelles à l'instruction religieuse, il voulut pour eux des instituteurs chrétiens qui furent les *Frères*.

Aidé de la charité de MM. Dominique Meuchet et Paul Ansoult, il eut la consolation d'installer ses chers Frères, dans le magnifique établissement que l'on connaît, en 1847. Le jour de la bénédiction solennelle des classes, le saint vieillard célébra la grand'messe et prit la parole ; mais c'était le *Nunc dimittis* du bon prêtre, il ne put dire toute la joie que lui causait cette œuvre, couronnant tant d'autres œuvres, la voix lui manqua et ne lui revint jamais assez pour parler en public. La vieillesse allait l'accabler de son poids, différentes attaques de paralysie arrêtèrent peu à peu l'élan de ce vaillant apôtre jusqu'à ce qu'enfin une attaque d'apoplexie le terrassât complètement le 14 mai 1849. Il vécut encore deux jours, mais sans parole ni regard. Enfin le matin du jour de l'Ascension, le glas funèbre annonça à la paroisse qu'elle avait perdu celui qui l'avait régénérée. Ce fut un deuil universel. On le témoigna bien par les innombrables démonstrations de reconnaissance qui accompagnèrent les funérailles du regretté Pasteur.

Un prêtre qui avait vivement applaudi à la dernière grande entreprise de M. Lefebvre, à la fondation de l'école des Frères et qui s'associa grandement au deuil des paroissiens de Carville, c'était le nouveau curé de Longpaon, M. l'abbé David. Dans le quartier ouvrier de Darnétal, il commençait une carrière qui devait être aussi longue que féconde.

§ II

« François-Xavier-Delphin David, né le 3 décembre 1810, à « Neufchâtel-en-Bray, ordonné prêtre, en 1834, après d'excellentes « études littéraires et théologiques, commença par exercer le « professorat au petit Séminaire du Mont-Saint-Aignan. Puis il « fut nommé à la succursale de Sigy, doyenné d'Argueil. Mais « bientôt, sa science éprouvée, son talent pour la prédication, la « sagesse de ses conseils, la prudence de sa direction, le firent « apprécier par ses supérieurs. Et, quelques années plus tard, « Monseigneur Blanquart de Bailleul le désigna pour remplacer, à « Saint-Ouen de Longpaon, M. l'abbé Picard, de regrettée « mémoire (1) ». Il fut installé ici, le 10 avril 1842, dimanche du bon Pasteur, et sa figure grave et douce, tout à la fois, parut

(1) *Semaine Religieuse* du 10 décembre 1887.

vraiment refléter l'image du bon Pasteur. Le troupeau nouvellement confié à ses soins entendit sa voix, et aima aussitôt sa belle et puissante parole.

« On peut dire que toute la vie sacerdotale de M. l'abbé David
« s'est écoulée au milieu de cette population laborieuse qu'il a tant
« aimée. C'est là qu'il a exercé, pendant plus de quarante ans, un
« ministère des plus fructueux, et a su conquérir l'estime, la
« confiance et l'affection de tous ses paroissiens. Tous connaissent
« les services que ce prêtre distingué a rendus à l'église et aux
« âmes, pendant les années difficiles qu'il a passées à Darnétal.
« Sa direction était recherchée, sa sagesse reconnue, autant que
« ses conseils étaient appréciés. Comme administrateur, il jouissait
« d'une réputation méritée. Comme prédicateur, il était fort goûté;
« on aimait à entendre sa parole, si pleine de doctrine et de
« science théologique. Dans les conférences diocésaines, on
« s'empressait toujours de recourir à ses lumières, à son expérience,
« à son bon sens exquis (1) » Il était Curé de Longpaon, depuis
quelques années déjà, quand les évènements de 1848 l'appelèrent
à prononcer un discours qui fit sensation, et dont on parle encore
avec admiration : c'était pour la bénédiction de l'arbre de la liberté.
Parler en pleine place publique, devant une foule composée
d'éléments si divers, et cela à une époque d'agitation inquiétante,
c'était remplir une mission bien délicate. Cependant, l'orateur se
montra vraiment éloquent; il s'inspira des circonstances et du
milieu où il se trouvait placé. Il fut religieusement écouté. Et ce
n'est pas sans bonheur que nous donnons ici, comme un monument
conservé à la mémoire de M. l'abbé David, son discours de 1848 :

« Mes Frères, bénir l'arbre de la liberté, c'est bénir la liberté
« elle-même; en d'autres termes, c'est la proclamer sainte et
« légitime, et demander à Dieu qu'elle soit salutaire et bienfaisante.

« Quel ministère donc plus en harmonie avec les principes
« sacrés de notre religion?

« Dieu, mes Frères, est liberté même, comme il est vérité,
« charité, et il cesserait d'être Dieu, s'il n'était revêtu de ce
« glorieux attribut.

« Or, nous révèlent les livres sacrés, il a créé l'homme à sa

(1) *Semaine Religieuse* du 10 décembre 1887.

« ressemblance: il a voulu, dans la nature humaine, refléter
« l'essence divine, et, communiquant à l'homme quelque chose de
« son intelligence infinie en lui donnant la raison, quelque chose
« de sa puissance créatrice en lui donnant le pouvoir de créer,
« dans la matière, tant de formes nouvelles, il l'a rendu aussi
« participant de sa souveraine liberté, dans le degré de subordi-
« nation et d'imperfection qui convient à la créature.

« Privilège divin, la liberté est donc l'apanage de l'homme; elle
« le constitue essentiellement; elle détruite, l'homme n'est plus, la
« nature a perdu son roi, et la divinité son représentant; de là,
« dans tous, mes Frères, l'amour de la liberté, cet épanouissement
« de tout notre être, au seul mot de liberté; de là, dans tous,
« comme corollaire, l'horreur de l'asservissement, la haine du
« despotisme, sacrilège attentat, de quelque part qu'il vienne,
« quelque forme qu'il revête, et contre la dignité humaine et
« contre la majesté divine.

« Mais, ô mystère dont la foi seule nous livre le secret! Sorti
« libre des mains du Créateur, l'homme présente à son origine
« même, sur son front flétri, les stigmates de l'esclavage, impatient
« du joug; il le traîne pendant quatre mille ans, dans la honte et
« dans le malheur. Satan, le péché, la violence, exercent simulta-
« nément, sur lui, le plus tyrannique empire. Parfois, il s'agite
« pour s'en affranchir; mais ses efforts impuissants rivent ses fers
« et consacrent sa servitude.

« Enfin, l'heure de la délivrance a sonné, et quel est le
« libérateur? le génie? la fortune? la science? la philosophie? le
« progrès des arts? le prestige de la parole? la supériorité des
« armes? non, mes Frères : ressources inefficaces, éléments
« stériles, pour ne pas dire hostiles!

« Le libérateur, c'est l'arbre mystérieux planté à Jérusalem, au
« Golgotha. Le libérateur, c'est la croix, portant dans ses bras
« sanglants Dieu même, sous le manteau de l'humanité.

« Le Christ expire, et les chaînes qui ont résisté à quarante
« siècles, son dernier soupir les brise! L'homme renaît à la liberté,
« et, sous l'action puissante du christianisme, de son culte, de ses
« dogmes, de sa morale, de ses lois, de ses institutions, de son
« sacerdoce, de l'évangile, en un mot, vivifié par le sang du
« Calvaire, sa réhabilitation spirituelle, civile, domestique est
« accomplie, consommée. *Occisus es Domine etredemisti nos!*

« Liberté de l'homme, rayon de la splendeur divine, fille
« d'augustes et ineffables douleurs, que tu as donc de droits à nos
« ardentes sympathies, de titres à un saint et religieux respect!

« Mais, chrétiens, mes Frères, sachez bien quelle liberté nous
« proclamons ici. C'est celle, et celle-là seulement, vous le
« comprenez, qui, descendue du ciel, brille, marquée au cachet de
« sa céleste origine.

« Dieu est l'auteur, le type de notre liberté; il faut, mes Frères,
« c'est la conséquence du principe, qu'il soit votre modèle dans
« l'usage que nous en devons faire; autrement, où serait la fidélité
« de l'image, la vérité de la ressemblance?

« Or, qu'est-ce en Dieu que la liberté? Est-ce le pouvoir
« souverain du mal? Est-ce la faculté suprême de l'iniquité? Est-
« ce la puissance sans bornes de l'oppression?

« Non, mes Frères; le ciel et la terre, la foi et la raison
« protestent ici de concert.

« Dans l'Être des êtres, une liberté de cette nature ne serait
« pas une perfection, mais un défaut. Liberté en Dieu, c'est
« sagesse, c'est bonté, c'est justice, caractères sous lesquels doit
« se produire notre propre liberté, expression de la liberté dont
« nous sommes en possession, qui ne consiste pas dans le droit
« effréné de franchir les bornes du devoir, de la vertu, d'attenter
« à la personne et à la chose d'autrui, de renverser violemment
« les bases de l'ordre et de la société. Ce serait, sous un nom
« sacré, la hideuse licence, avec le désolant cortège de maux
« qu'elle traîne à sa suite; ce serait l'anarchie, avec ses torches
« funèbres; ce serait le plus épouvantable fléau que la Providence
« puisse infliger à l'humanité : la guerre civile, c'est-à-dire une
« lutte à mort du frère contre son frère.

« Il n'en saurait être ainsi, nous crie le Prince des Apôtres :
« Enfants du Calvaire, vous êtes libres, *liberi*; mais n'allez pas
« faire de votre liberté un instrument de malice : *Et non quasi*
« *velamen habentes malitiæ libertatem*.

« Vous êtes libres, mais comme doivent l'être des serviteurs de
« Dieu. *Sed sicut, servi Dei*. En conséquence, continue l'illustre
« apôtre rendez à tous l'honneur qui leur est dû, *Omnes honorate*.
« En conséquence, aimez vos frères, *Fraternitatem diligite*; en
« conséquence, entourez d'un religieux respect les dépositaires de
« l'autorité publique *Regem honorificate*.

« Voilà, voilà, mes Frères, la liberté selon Dieu : voilà la liberté
« que consacre le christianisme : c'est la liberté sous les auspices
« de l'ordre et de la justice, fondements éternels de la société et
« sauvegarde de la liberté elle-même, et c'est cette liberté, mes
« Frères que nous venons bénir dans l'arbre qui lui est solennelle-
« ment dédié.

« Qu'il soit donc béni, cet arbre signe de notre grandeur,
« monument de reconnaissance envers le Très-Haut ! ·

« Qu'il soit béni cet arbre, sorti des entrailles de la Croix,
« comme l'enfant du sein de sa mère !

« Qu'il soit béni ! Qu'il jette profondément, dans le sol, ses
« racines imbibées du sang d'un Dieu, du sang de tant de martyrs !

« Que ses rameaux s'étendent vigoureux, plus forts que les plus
« violents ouragans, que les tempêtes les plus furieuses !

« Qu'il grandisse, qu'il se développe et que sous son ombrage
« hospitalier viennent s'abriter tous les enfants de la grande
« famille française, tous les enfants de la grande famille chrétienne !

« Qu'il produise en abondance des fruits précieux, salutaires,
« non l'égoïsme cupide : non le conflit sanglant des ambitions qui se
« dressent les unes contre les autres ; non le triomphe fatal des
« théories impraticables, de systèmes pleins d'illusions et de périls ;
« mais, à l'ombre de la paix, de l'harmonie et de l'union des cœurs,
« la réalisation sincère, la réalisation complète de la magnifique
« devise transportée de l'Évangile sur ces feuilles symboliques :
« Liberté ! Égalité ! Fraternité !

« *Benedictum lignum per quod fit justitia !*

« Et vous aussi, mes Frères, soyez bénis, ouvriers travailleurs,
« soyez bénis !

« Que votre sort malheureux s'améliore enfin dans des proposi-
« tions qui vous dédommagent de vos longues souffrances, mais
« dans l'esprit du christianisme !

« Maîtres, chefs d'ateliers, soyez bénis ! Que momentanément
« suspendue une heureuse et constante activité soit rendue à vos
« industries, source du bien-être public !

« Pauvres, malheureux, soyez bénis !

« Que vos peines soient senties ! que vos privations soient ap-
« préciées ! que vos nécessités soient soulagées !

« Possesseurs des biens de ce monde, soyez bénis ! Que vos
« propriétés légitimement acquises, soient respectées comme chose

« sacrée ; mais aussi que selon les desseins de la Providence, elles
« soient, dans vos mains généreuses, la ressource de l'indigent
« votre frère.

« Magistrats, défenseurs dévoués de l'ordre social, soyez bénis !

« Que la justice tempérée par la clémence compagne assidue de
« l'autorité dont vous êtes investis, vous fasse reconnaître et
« révérer comme images visibles de l'invisible Majesté !

« Et nous aussi, ô mon Dieu, vos ministres, les ministres de
« votre Église, soyons bénis !

« Que toujours à la hauteur de notre mission spirituelle et con-
« fondant dans notre charité, tous les hommes à quelque parti, à
« quelque classe qu'ils appartiennent, pour les gagner tous, ô mon
« Dieu ! notre ministère libre et honoré, réalise l'accomplissement
« des deux grands préceptes de la Loi : l'amour de Dieu et l'amour
« du prochain !

« O Dieu, source de bénédiction, auteur de tout don parfait,
« Père des miséricordes, bénissez tous les habitants de cette ville !
« bénissez l'humanité entière !

« Bénissez la religion ! Bénissez la patrie ! (1) »

Tout livré qu'il était au ministère de la parole, M. l'abbé David
ne laissait pas de s'intéresser vivement à l'état de son église. Il la
trouvait, à juste titre, bien belle, mais la pouvait-on croire solide,
particulièrement dans certaines parties où les pierres paraissaient
se désagréger ? Plus d'une fois, il s'en préoccupa et finit enfin par
exprimer ses appréhensions à l'administration municipale. Un
pilier du chœur surtout menaçait ruine, d'après le rapport que
dressa l'architecte de la ville. Le chevet de l'église, mal entretenu,
mal réparé depuis longues années, donnait de véritables inquié-
tudes. Bref, par une mesure de sécurité très justifiée, Monsieur le
maire avait pris, le 23 février 1850, un arrêté qui interdisait
l'entrée de l'église. Ce ne fut que le mois suivant, le 23 mars, que
sur le rapport de M. Barthélemy, architecte à Rouen, on rendit

(1) C'est bonheur que ce magnifique discours n'ait point subi le sort des
autres œuvres oratoires si nombreuses de l'éloquent prédicateur qui fit tout
brûler avant sa mort. Nous n'avons même pas la consolation de posséder les
sermons qu'il prêcha à la Cathédrale de Rouen, pour l'Avent de 1873 et pour
l'Adoration du T.-S. Sacrement, le 1er décembre 1871. On sait seulement qu'ils
étaient d'une composition remarquable.

l'église au culte, moyennant l'établissement provisoire d'un faux cintre en charpente sous chacune des deux arcades qui retombaient sur le pilier peu solide.

Mais cela n'était que pour un temps; car ce n'était pas une solution et ces étais grossiers produisaient un trop déplorable effet (peut-être l'effet désiré), dans un si bel édifice. M. le curé comprit qu'une grande tâche lui incombait : il relèverait donc l'église de ses ruines.

Avec le concours de bienveillantes influences, il avait appelé l'attention des pouvoirs publics, sur l'église de Longpaon. Il apprit avec bonheur que le conseil d'arrondissement, dans sa séance du 3 août 1853, avait émis le vœu de la voir classée parmi les monuments historiques, vœu aussitôt repris et appuyé par le conseil général, le 26 du même mois, et ratifié par M. le préfet (1)

En outre, il résolut d'ouvrir une souscription, qui réalisa toutes ses espérances ; puis l'administration municipale fit des largesses bien appréciées et l'administration préfectorale aida et encouragea le tout de nouveaux subsides. Dès 1855, on vit s'élever le long de l'église, du côté Sud, un hangar, sorte de construction toute de planches, qui servit d'église pendant plus de quatre ans. Ce rustique oratoire eut pour sanctuaire le calvaire encore existant, dont M. l'abbé David avait posé la première pierre, le « 26 août 1845, jour de Saint-Ouen, patron de cette paroisse, » et qui remplaçait l'ancien calvaire de la paroisse. M. Pierre-Sainte-Croix Léveillé, qui avait fait ériger ce calvaire, à ses dépens, en fit don à la fabrique par un acte daté du 21 mai 1847 (2). En peu de temps, voûtes des nefs, piliers et murs de l'abside tombaient sous les coups des démolisseurs. Et sous l'habile direction de M. Desmarets, architecte du département, surgit un nouvel ordre de constructions bien fait pour réjouir l'œil de ceux qui suivaient les travaux, avec un intérêt bien mérité.

---

(1) L'église de Longpaon a été rangée parmi les monuments historiques de seconde classe de notre département.

(2) L'ancien calvaire ainsi que la partie de côte qui fait face à l'église et la maison vicariale qui y était attenante, avaient appartenu à la Fabrique, avant la Révolution. Le tout avait été vendu par les Administrateurs du Département de la Seine-Inférieure, à Nicolas Delamare, le 17 Thermidor, an IV. Le même Delamare avait aussi acheté une propriété de la Fabrique, sise rue du Chaperon et rue Brûlée.

Aussi un « ecclésiologue » (probablement feu l'abbé Lecomte)
écrivait-il dans le *Journal de Rouen*, puis dans la *Vigie de Dieppe*,
en 1857 : « Ce sera une église complète, régulière, qui tient des
« proportions de la basilique et qui ne laisse rien à désirer, pour
« la perfection du travail, la solidité de l'appareil et l'homogénéité
« du style. »

L'œuvre qui s'accomplit de l'année 1855 à l'année 1860 a été
ainsi appréciée par l'abbé Cochet : « La restauration de cette église
« est on ne peut plus satisfaisante. Le style du XVe siècle a été
« parfaitement observé dans la partie neuve du chœur et du sanc-
« tuaire. Les plafonds en bois avec décors peints sont d'un bon
« effet et peuvent être regardés comme des modèles du genre. Le
« pavage (asphalte ou pierre dite lave artificielle) original dans
« son genre est également remarquable. Tout est bien dans cette
« restauration (1) ».

Avec quelle joie le zélé curé ne dut-il pas recevoir le dimanche
de la Sainte-Trinité, troisième jour de juin 1860, Mgr de Bonnechose, archevêque de Rouen qui venait rendre l'église au culte !
Quelle allégresse dans toutes les familles ! Quelle résurrection
magnifique de la vieille église ! Le nom de M. David, déjà cher au
cœur de tous, s'attachait désormais au sol de la paroisse pour y
demeurer autant que les assises de pierres qui composaient la
nouvelle construction. Le grand archevêque de Rouen félicita et
les fidèles applaudirent l'intelligente intrépidité d'un prêtre que
l'autorité diocésaine tint toujours en haute estime.

Quatre belles verrières représentant les douze apôtres et sorties
des ateliers de la maison Bernard de Rouen, ornèrent d'une façon
fort heureuse le joli sanctuaire. Les trois verrières qui forment le
fond du sanctuaire et des nefs latérales, fournies par la maison
P. Nicod, de Paris, se firent attendre un peu. Et malgré cela le
travail ne gagna rien en beauté.

Il ne suffisait pas au digne curé de satisfaire le goût ou la
curiosité délicate de ses ouailles, il songeait aussi à fournir en
même temps un véritable aliment à leur piété. Dans ce but, il
voulut glorifier et faire aimer une dévotion qui lui était chère: le
Chemin de la Croix. De nouveaux tableaux plus en rapport avec
l'édifice renouvelé furent placés sur les murailles latérales et

(1) Rapport à S. E. Mgr le Cardinal de Bonnechose, 1864.

l'érection solennelle du Chemin de la Croix eut lieu, au milieu d'une grande affluence de fidèles, le dimanche 9 juin 1865.

Personne peut-être dans l'assistance ne contempla avec plus de consolation que M. David, les scènes de la voie douloureuse. Car lui, peut-être plus que tous ceux qui l'entouraient, souffrait et d'autant plus cruellement qu'il était seul ou presque seul à connaître son martyre. Il était si bien entouré de l'affection générale, qu'on ne pouvait le croire traité en ennemi par personne.

Cependant la calomnie jalouse, déguisée comme toujours parce qu'elle est honteuse d'elle-même, osa troubler une si belle vie. Elle assouvit sa rage contre cet homme si remarquable, en venant surtout lui barrer le chemin qui pouvait le conduire aux honneurs. Lui qui ne rechercha jamais les distinctions, ne se plaignit pas de son sort ; mais il connut d'une part les projets des plus flatteurs à son égard et presque en même temps, les honteuses manœuvres employées pour décrier sa valeur et dénaturer ses intentions. Il n'entrevit son élévation que pour en faire généreusement le sacrifice.

Mais ces dures épreuves ne ralentirent en rien le zèle que déploya toujours M. David pour la maison de Dieu. Il eut la consolation d'enrichir la chapelle de la Sainte Vierge de la grande verrière dont la distribution et les couleurs forment un ensemble magnifique. Posée le 15 mai 1869, elle sortait de la maison Boulanger, qui continuait à Rouen la maison Bernard. La surface de peinture vitrifiée est exactement de 23m58, et le tout posé a coûté près de 7,000 francs, sur lesquels la ville a fourni 2,000 francs.

Vers la même époque, avec d'autres secours, on procéda à la restauration partielle de l'intéressant portail du côté sud.

Enfin, dix ans plus tard, en 1879, par un dernier et suprême effort, le cher curé déjà atteint non de vieillesse, mais d'épuisement, put encore provoquer de nouvelles générosités au moyen desquelles il fut heureux d'élever un nouveau maître-autel de pierre, orné de trois beaux bas-reliefs (1). C'était la fin de tant de travaux.

La pierre avait assez obéi, pendant un quart de siècle, à la puissante volonté de ce maître dans l'art de réédifier et d'embellir, qui tombait vaincu par les infirmités et les souffrances.

(1) Cet autel sortait des ateliers Bonet, de Rouen.

Ce vénérable invalide du sanctuaire craignant de ne plus faire le bien en accomplissant difficilement les devoirs de sa charge, songea à se retirer et donna sa démission au mois d'août 1883.

Comme cadeau d'adieu, il donna à la fabrique tous les ornements sacerdotaux qui étaient sa propriété personnelle. Aussi comme il avait témoigné le désir de ne pas s'éloigner du troupeau qu'il ne pouvait plus conduire, la fabrique, par reconnaissance, lui offrit asile gratuitement pour le reste de ses jours, dans la maison voisine du vicariat.

Dans sa retraite, l'ancien curé souffrit beaucoup, mais ne cessa de s'intéresser aux choses de la paroisse et au sort de sa chère église. Il eut la consolation de rencontrer et de deviner dans la personne de son successeur presque immédiat, le continuateur pieusement passionné de son œuvre d'embellissement.

Enfin, il mourut le 30 novembre 1887, emportant les regrets unanimes des paroissiens qu'il avait édifiés pendant quarante-cinq ans.

FIN

TABLE DES MATIÈRES

ROUEN. — IMPRIMERIE PAUL LEPRÊTRE, 75, RUE DE LA VICOMTÉ

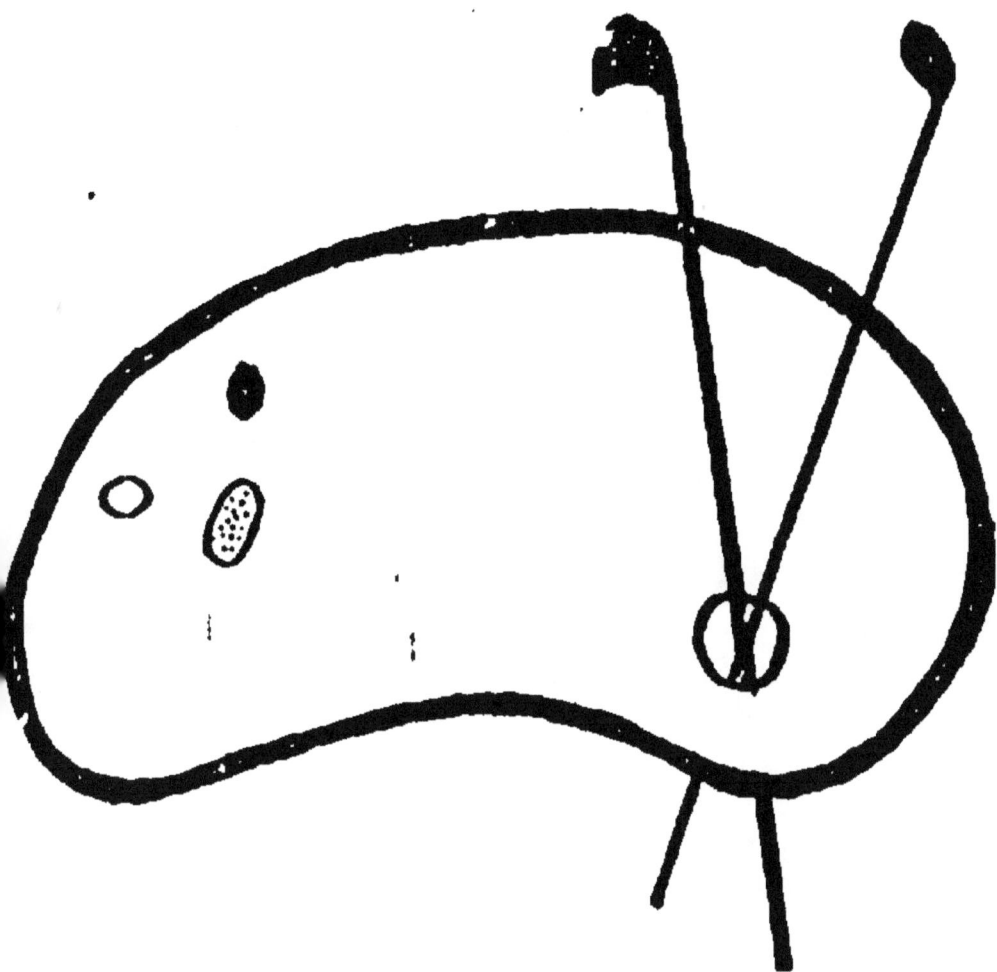

ORIGINAL EN COULEUR
NP Z 43·170·8

www.ingramcontent.com/pod-product-compliance
Lightning Source LLC
Chambersburg PA
CBHW060643100426
42744CB00008B/1739